KB023717

망 중립성 이후의 인터넷

디지털 시대의 뉴딜

망 중립성 이후의 인터넷

디지털 시대의 뉴딜

DIGITAL NEW DEAL

팬덤북스

차례

3. 망 중립성 운동의 조직

4. 결론 : 또 다른 인터넷은 가능하다

지난해 코로나19 팬데믹은 우리의 삶을 온라인으로 더욱 내몰았다. 원격학습, 원격노동, 원격진료, 줌Zoom을 통한 연인과 친구와의 만남 등 이 모든 행위들은 보다 신뢰할 수 있고 폭넓게 이용 가능한 인터넷을 필요로 한다. 우리는 인터넷이 우리의 일상생활 거의 모든 부분에서 얼마나 필요불가결한지 가늠키 힘들 정도로 인지하고 있다. 인터넷은 사치품 그 이상이다. 인터넷은 적절히 부담하면 누구나 이용할 수 있어야 하는 친절한 것이어야 한다. 그것은 절대적으로 필수품이다. 광대역 인터넷은 핵심 인프라 구조로서 전기나 수도와 다를 바 없다. 서로 서로 커뮤니케이션하기 위한 우리의 역량은 인터넷에 의존해 있다. 간단히 말해 현대 사회는 인터넷 없이 기능하지 못한다.

하지만 인터넷에 대한 기업의 통제는 전례없이 강화됐다. 몇몇 거대 인터넷 기업들은 코로나19 팬데믹 한가운데서 자신들의 지배권 고삐를 더욱 조였고, 타격을 입고 있는 공동체들은 과도한 인터넷 이용료를 일정 기간 유예해 달라고 하소연할 수밖에 없었다. 컴캐스트의 글로벌 본사가 위치한 필라

델피아에서 흑인과 라틴계가 대부분인 지역 학생들은 원격 학습에 필요한 고속 인터넷을 번번히 이용할 수 없었다. 반면에 이 서문을 쓰고 있는 지금 컴캐스트의 주가는 사상 최고가를 찌르고 있다.

이 뒤틀린 권력 관계는 도저히 인정하기 어려운 부도덕한 것이다. 인터넷 접속은 정확히 말해 모든 사회에서 큰 긍정적 외부효과를 산출하는 공공재이다. 누누이 말하지만 인터넷 서비스를 제공하는 기업들ISPs은 그들이 공공재를 제공하는 데 있어서 형편없는 조달자들임을 보여준다. 따라서 인터넷은 공공에 의해 소유되고 통제되어야 한다. 이윤에 목마른 기업 카르텔이 아니라 말이다. 텔레커뮤니케이션 산업에서의 부분적인 개혁이 있은 지 수 십년이 지난 지금 민주주의 사회는 단호한 태도를 취해야만 한다: 모두에게 안정적인 인터넷 접속을 제공하는 민주적 인터넷을 갖든지, 그것이 아니면 소수의 투자자들에게 이윤을 퍼다주는 고도로 상업화된 인터넷을 가지든지 말이다. 우리는 그 둘 모두를 가질 수는 없다.

2019년 초판에서 우리는 인터넷에 대한 보다 민주적인 버전을 실현하기 위한 경로에 서 있다는 희망을 보았다. 당시 미국과 영국의 진보적인 정치인들은 돈을 지불할 능력이 있는 이들에게만 유리한 것이 아니라, 공평한 인터넷 접근을 보장하기 위해 공중에게 국가가 보조하는 인터넷을 제공하는 정책을 지지했다. 미국과 영국에서 각각 대통령 선거운동 캠페인이 벌어지던 때, 미국에서 상원의원 엘리자베스 워렌Elizabeth Warren과 버니 샌더스Bernie Sanders는 공공 소유의 광대역 인터넷 네트워크를 만들 야심찬 계획을 발표하기까지 했다. 이들 후보들은 선거에서 이기지는 못했지만 민주적 인터넷에 대한 그들의 급진적인 비전은 여전히 살아 있다.

조 바이든과 더불어 민주당이 이끄는 연방통신위원회가 망 중립성 보호 정책을 복구할 것이란 믿음이 널리 퍼지고 있다. 연방통신위원회 내의 현 정파적인 교착 상태는 망 중립성 정책의 전환 타이밍을 불확실하게 만들고 있지만, 오바마 시대의 망 중립성으로 복귀하는 것이 실현만 된다면 의심할 여지없이 긍정적인 변화를 이끌 것이다. 하지만 우리가 이 책 전반에 걸쳐 주장한 것처럼, 망 중립성은 민주적 커뮤니케이션 시스템을 구축하기 위한 필요조건이지 충분조건은 아니다. 실제로 망 중립성은 보다 근본적인 이슈들의 결과로 나타난 문제들임을 보여준다: 인터넷 전체, 특히 인터넷 네트워크가 이용자들에게 도달하는 마지막 지점에서의 독점화와 상업화 말이다. 거기서 컴캐스트나 버라이즌 같은 이윤 추구 기업들은 문지기gatekeeper처럼 행동하면서 공중이 공론장에 진입하는 데 따르는 조건을 결정한다. 이는 우리가 만약 민주적 인터넷을 구축하길 원하는 한 궁극적으로 마주할 수밖에 없는 이슈들이다.

인터넷 서비스는 광대역 카르텔의 노리개가 되기에 너무나 소중하다. 공중은 인터넷이 통치되는 방식에 있어서 더 큰 발언권을 필요로 한다. 인터넷이 발전할 수 있도록 지원한 것은 공중의 돈이었다. 유튜브 요리 영상을 게재한 보통 사람들에서 시간과 노력을 들여 위키피디아에 자발적으로 참여한 시민들에 이르기까지, 인터넷의 발전은 인터넷을 보다 가치있게 만든 평범한 이들이 집합적으로 노력한 결과의 산물이다. 인터넷은 우리의 연방이다.

우리는 망 중립성을 훨씬 넘어서는 구조적 개혁을 추구해야 한다. 우리는 인터넷을 카르텔의 발톱으로부터 구해야 한다. 우리는 기업 ISPs들과 경쟁할 수 있는 광대역 서비스를 위한 강력한 공적 선택지를 도입하는 일부터 시작할 수 있다. 시간이 지나면 공공이 소유하는 인터넷 서비스 제공자의 여지를 더욱 확보하고 카르텔의 힘을 최소화할 수 있을 것이다.

이러한 급진적 비전을 위한 정치적 지평은 기업의 이윤에 대항해 사람들의 권리를 옹호해야만 하는 미국과 세계만방에서의 보다 큰 의미의 민주주의 운동과 밀접하게 연결되어 있다. 풀뿌리 행동주의와 조직화, 더 나아가 선의의 규제자와 정부 관료가 없다면 우리가 긴급히 필요로 하는 대담한 변화를 가져오기는 어렵다. 오늘날 우리는 교차로에 서 있는 우리를 보고 있다. 민주적 인터넷을 위한 투쟁은 – 모두를 위한 인터넷은 – 계속 되고 있다.

2021년 5월

빅터 픽카드 · 데이비드 엘리엇 버만

역자 서문: 민주주의로서 망 중립성

인터넷에 대한 불편한 기억들

저마다 인터넷 이용에 불편했던 기억들이 한두 개쯤은 있을 것이다. 그 중에는 이른바 피처폰 시절 네트워크 접속 버튼을 폰의 정중앙에 위치시켜 '실수'로 접속했음에도 거금의 접속료가 청구되던 일이 있었다. 문자 서비스가 지금처럼 대중화되기 전 통신사의 수익을 갉아먹는 그런 서비스를 차단했던 기억도 있다. 음성 서비스 역시 마찬가지였다. 시민들은 인터넷 서비스 사업자들ISPs이 세워놓은 좁디좁은 담장 위를 조심조심 걸어다녀야 했다.

지금으로부터 거의 20여년 전 일이다. 인터넷이 대한민국 대부분의 가정에 도입된 직후, 지금도 그렇지만 3사 간의 경쟁이 치열했던 때였다. 그때나 지금이나 결합상품으로 인터넷 서비스에 가입하는 것이 합리적인 선택이었기에 그렇게 했다. 그러다 이사를 했다. 그러나 입주한 아파트에서는 해당 업체의 서비스를 더 이상 사용할 수 없었다. 해당 업체가 아파트에 입주해 있지 않아서였다. 나는 결합상품의 혜택을 '모두' 반납하는, 이른바 인터넷 정가를 지불해야 했다지금도 그 정가가 진짜 정가인지

묶음 서비스를 위해 부풀려진 가격인지 알 길은 없다. 항의하는 나에게 업체는 왜 그런 아파트로 이사를 갔느냐고 물었다. 나는 거주 이전의 자유를 행세했을 뿐이고, 그렇게 선택된 아파트에 서비스를 하지 못하는 것은 그들의 능력 탓일 터인데 반응은 그랬다. 인터넷 속도가 아니라 정책에 뭔가 문제가 있다고 느낀 것은 아마도 그때였던 것 같다.

20여 년 전 경험이 네트워크 자체의 상호접속과 차별금지라는 망 중립성 고유의 개념과 정확하게 일치하는 사례는 아니다. 하지만 범 망 중립성 이슈임에는 틀림없다. 해당 업체의 결합제도는 그들의 고객이 자신들의 가입자라는 것 이전에 국경 내 어디서든 이동해 살 수 있는 주권자로서 거주자라는 사실을 먼저 고려해야 했다. 그것이 서비스를 업으로 하는 최소한의 직업윤리이자 제도적 의무이다. 자신의 현실적·잠재적 소비자를 늘 '을'로 보는 대기업이 자신들의 내부 정책보다 상위 가치에 복종하는 중립적 태도를 찾을 길은 어디에도 없다.

결국 망 중립성은 민주주의의 문제이다. 이 책을 번역한 이유이다.

우리를 자유롭게 하는 망 중립성

생각해 보면 망 중립성은, 비유하자면 거주 이전의 자유, 직업 선택의 자유, 그리고 보다 분명한 연관성을 띤 표현의 자유 같은 것이다. 천부인권 같은 것 말이다. 이런 생각을 내비치면 많은 사람들이 공감하겠지만, 현실을 모르는 어리석은 주장이라거나 심지어 적대적인 태도를 보일 사람들도 없지 않을 것이다. 이 세계를 좀 안다는 후자의 사람들은 망 중립성 족쇄로 인해 가뜩이나 5G 투자도 지지부진한데 무슨 소리냐고 할 것이다. 기술이 주도하는 21세기 4차 산업혁명에 뒤처지기 딱 좋은 주장이란 힐난도 보탤 것이다.

과연 그럴까? 망 중립성은 기술과 경제와 발전에 눈을 뜨지 못하는 디지털 문맹들의 뒷방 노인네 같은 소리일까? 망 중립성이 없으면 네트워크는 더 발전하고 기업들은 더 성장할까? 만약 그렇다면, 그런 발전은 어떤 발전이고 그런 성장은 어떤 성장일까? 망 중립성이 없다면, ISPs는 자신들의 하부기반을 이용해 유통시키는 온갖 불법 콘텐츠에 대해 책임져야 하지 않을까?

망 중립성은 지금의 인터넷 시대를 열게 한 중심적인 철학이자 제도적 장치라 해도 과언이 아니다. 이른바 네트워크 효과network effect라는 것을 살펴보자. 사람들을 네트워크로 연결함으로써 얻어지는 부가가치는 그렇지 않았을 때와 비교해 경제적 성과는 물론 문화적 전환에도 결정적인 역할을 했다. 그 출발은 누구나 자유롭게 이 네트워크 안에 들어올 수 있고 동일한 조건으로 서비스를 이용할 수 있다는 전제였다. 누구라도 동일한 조건으로 인터넷에 가입할 수 있었던 것은 망 중립성의 정신이 뒷배경으로 있었기 때문이다. 그 덕에 ISPs는 물론 응용 서비스 사업자들ASPs마저도 지금과 같은 거대 기업으로 성장했다.

만약에 이제 망 중립성을 부정한다면 그것은 현재의 네트워크 효과를 잠그겠다는lock-in 것이다. 네트워크의 그물코에 있는 이용자들빠져나가봐야 덕 볼 것 없는을 비즈니스의 대상이 아니라 '자원'으로서 바라보는 것이다. 이는 시민들과 함께 ISPs에 맞서 기업가 정신, 창조 정신 등을 외치며 망 중립성을 옹호했던 구글, 넷플릭스, 페이스북 같은 ASPs가 점차 망 중립성의 대오에서 이탈하는 것에서도 확인할 수 있다. 그들은 이미 인앱 결제와 같이 망 중립성 폐기로 인한 이익 구조와 유사한 플랫폼 중립성platform neutrality 해체 논리를 무기로 들고 나왔다. 그들에게 있어 망 중립성과 플랫폼 중립성 락인은 그들의 독점적 지위에 도전할지도 모르는 잠재적 경쟁자의 성장을 근원적으로 제거하는 일이다. 그런 후 일어나는 정치적·경제적·문화적 통제는 우리의 자유를 본원적으로 해칠 것이다.

이 책, 망 중립성 핸드북 또는 교과서

이 책은 망 중립성 개념의 탄생, 적용, 투쟁, 해체, 부활 등을 다루는 '망 중립성 핸드북'이다. 크기도 핸드북만 하고 내용도 망 중립성의 핵심 내용만을 무척 알차게 잘 정리해서이다. 무엇보다 망 중립성 개념과 그 적용이 비과학적이고 편파적인 국내의 논의지형에 조금이라도 보탬이 될까 싶어 번역했다.

망 중립성이 해체된 세계의 문제를 다루는 서론에 이어 1장은 커뮤니케이션 하부기반의 소유권과 통제에 대한 지난한 투쟁의 역사를 보여준다. 2000년대 망 중립성 개념이 생기기까지 공중통신common carrier의 발아와 제도적 정착 과정, 중심 기업들과 이른바 독립미디어 기업들간의 투쟁, FCC의 관할권 문제 등이 깔끔하게 정리되어 있다. 독자는 이같은 역사가 어떻게 망 중립성 원칙을 세우고 또 허물게 되었는지 통찰할 것이다.

2장 광대역 카르텔에서는 미국 통신산업의 카르텔 형성과정을 역사적으로 추적한다. 1996년 통신법의 등장 전후부터 최근까지 광대역 카르텔이 신자유주의를 등에 업고 인터넷을 어떻게 장악했는지, 그 결과 광대역 카르텔의 이윤추구를 위한 놀이터로 전락한 미국의 '인터넷 자본주의'의 폐해가 어떤지를 보여준다. 인터넷이 기업과 자본이 아니라 실상은 직간접적인 공공 투자에 의해 발전한 통신산업의 역사로 볼 때 오늘날 광대역 카르텔의 지배권이 얼마나 부당한 것인지 그 지형을 이해할 수 있다. 독자들은 이 장을 읽고 나면 저자들이 왜 망 중립성의 가치를 강조하는지는 물론이거니와 망 중립성은 출발점에 불과하며 앞으로 가야 할 길들이 더 많다고 역설하는지 그 이유에 동의가 갈 것이다.

3장에서는 대기업 카르텔에 맞서 망 중립성 가치를 지켜내기 위한 행동주의 운동의 '국면사'를 다이내믹하게 그려내고 있다. 오픈 인터넷 질서를 위한 풀뿌리 운동으로부터 바톤을 넘겨받은 망 중립성 운동은 인터넷 정책이 근본적으로 정치적인 투쟁의 산물이었고 앞으로도 그럴 것이라는 점을 일깨운다. 망 중립성을 지켜내기 위한 행동주의 운동의 역사는 인터넷 정책이 월스트리트와 실리콘밸리 그리고 워싱턴에만 맡겨두어서는 곤란하며, 스마트폰 요금제 같은 그리 고상해 보이지 않은 이슈들을 포함해 디지털 삶의 기반 그 자체라 할 수 있는 인터넷에 대한 공적 통제는 결코 자연적으로 주어지는 것이 아니라 공동체가 함께 목소리를 내고 행동할 때 쟁취되는 실천적 산물이라는 점을 일깨워준다.

마지막 결론은 망 중립성을 근원적으로 보호할 대안 인터넷에 대한 아이디어를 제시한다. 제목도 '또 다른 인터넷은 가능하다'이다. 저자들은 인터넷을 민주화하기 위한 정책적 수단으로 1 광대역망 카르텔의 해체, 2 엄격한 공익적 책임의 부과, 3 공적 소유의 대안 구축을 제시하는 가운데, 마지막 대안 인터넷 기반시설의 확충에 보다 무게를 싣는다. 저자들이 보기에 앞의 두 정책은 망 중립성을 구조적으로 보호하지 못한다. 독과점 기업에게 위임된 네트워크에서 망 중립성은 민주적 커뮤니케이션 시스템을 구축하기 위한 필요조건이지 충분조건이 아니라는 것이다. 따라서 대안 인터넷은 충분조건을 실현하기 위한 선택지이다. 이를 위한 다양한 시책들을 들여다보고 있노라면 그 잠재성과 가능성에 고개가 끄덕여진다. 그리고 이들이 왜 망 중립성이 단순히 경제적 문제가 아니라 정치와 민주주의 자체의 문제라고 거듭 주장하는지 이해하게 된다. 아마도 그 현실성은 정치에 달려 있을 테지만 말이다.

5G, 이후의 망 중립성과 뉴딜

물론 5G 시대 망 중립성의 적용에 좀 더 생각해 볼 여지가 없는 것은 아니다. 지금까지 인류가 만들어 왔던 어떤 형태의 콘텐츠도 네트워크로 실어 나르는 데 어려움이 없었던 이전 세대와 달리, 5G와 그 다음 통신 세대는 새로운 형태의 콘텐츠를 서비스하는 데 그 존재조건이 있다. 따라서 5G는 신문, 방송, 영화 같은 인적 또는 아날로그적 네트워크와 '병행'하도록 디자인되었던 2020년 이전 세대와 근본적으로 다른, 새로운 삶의 양식과 결부된 '대체적', '창조적' 네트워크이다. 원격진료, 자율주행, 증강현실 등 새로운 문명의 문턱 위에 5G와 그 이후 세대의 네트워크가 있다. 이는 새로운 비즈니스를 '창발'해야 가능한 일이다. 합리적이고 용기있는 투자와 기업가 정신이 요구되는 대목이다.

따라서 시민들의 네트워크 사용에 경제적으로나 문화적으로 해를 끼치지 않는 선에서 보다 자유로운 5G 운용은 어느 정도 용인될 수도 있다. 가령 망 중립성을 해치는 것으로 인식되어 왔던 지불우선권paid prioritization은 시민들의 공정한 네트워크 사용에 대한 '망 중립성의 감독'이 전제된 조건 하에서 B2B로 충분히 적용될 수 있을 것이다. 그런 도전마저도 망 중립성이라는 명분으로 발목을 잡아서는 안 된다. 하지만 새로운 서비스 개발이 아닌, 지금처럼 ISPs와 ASPs 간의 비즈니스 거래를 위해 그 관행을 사용하는 것은 지양되어야 한다.

주지하듯이, 망 중립성 개념을 개발하고 주무기관인 FCC를 통해 어렵사리 지켜왔던 미국이 지난 트럼프 정부가 들어

서면서 그것을 폐기해 버렸다. 그리고 다시 바이든 정부가 들어섰고, 인권, 환경과 함께 공정이 다시 정책의 무대 위에 올랐다. 거기에 망 중립성도 같이 오를지, 복구가 가능할지 가늠하기 힘들다. ISPs는 말할 것도 없고 그 힘이 더욱 커진 ASPs의 은인자중隱忍自重이 미칠 영향을 팽팽한 대결구도에 있는 정치세력이 감당할 수 있을까 싶어서이다. 무엇보다 망 중립성을 일종의 '비즈니스 모델'로 삼는 관행과 그 힘이 무척 우려된다.

그런 점에서 망 중립성이 경제적 모델이 아니라 민주주의 모델이라는 관점을 견지하는 이 책은 망 중립성에 대한 깔끔한 지식 제공은 물론 그것을 바라보는 시각 면에서 무척 의미 있는 작업이다. 저자들은 인터넷의 민주적 보호를 위해 1930년대 미국이 선택한 뉴딜 정신을 부활시켜야 한다고 주장한다. 뉴딜이 국가에 의한 경제적 부흥책이라는 사전적 개념을 넘어 그런 부흥을 위해 새로운new 사회적 계약을 맺는deal 것이라고 볼 때, 5G로 넘어가는 지금 대한민국이나 태평양 건너 미국에서 뉴딜을 이야기하는 것은 분명 적절한 행보로 보인다. 하지만 현 정부가 추진하고 있는 '디지털 뉴딜'이 데이터와 네트워크에 적용하는 새로운 사업의 기회를 넘어 새로운 사회적 계약이라는 관점에서 사고되고 있는지는 솔직히 잘 모르겠다. 어쩌면 신자유주의 기술 이데올로기가 디지털로 고스란히 갈아탄 것은 아닐까 하는 우려도 없지 않다. 이 책에서는 5G를 이야기하지 않지만, 지금은 네트워크에 대한 새로운 사회적 계약이 필요한 바로 그런 시절이다. 이 책을 번역한 또 다른 이유이다.

비록 분량은 그리 많지 않지만 두 사람의 의기투합으로 이 책을 번역하게 되어 기쁘게 생각한다. 그리 대중적이지 않을 것임을 알고도 번역작업을 받아준 팬덤북스 박세현 사장님에게 감사를 드린다. 그리고 특별히 교정의 수고를 마다하지 않은 인제대학교 신문방송학과 김예진 학생에게 감사드린다. 참고로 본문에서 사용된 전문 용어는 보편적으로 사용하는 방식을 따랐음을 밝혀둔다. 지난 세기 공공성을 여지없이 폐기해 버리는 21세기적 발전론에 망 중립성마저 휩쓸려 가지 않고 민주주의를 지키는 버팀목이 될 수 있도록 하는데 이 책이 조금이라도 기여할 수 있기를 기대한다.

2021년 6월

임종수 · 유용민

프롤로그

2018년 여름, 망 중립성Net Neutrality 이후 펼쳐질 암울한 미래가 미국 캘리포니아 주 산타 클라라Santa Clara 카운티에서 현실화하는 것처럼 보였다. 그 해 7월 산불이 이 지역을 집어삼켰다. 화염과 싸우기 위해 산타 클라라 카운티 소방국이 급파되었고, 전체 캘리포니아 주에서 모여든 소방 트럭과 응급 요원, 그리고 여타 중요한 자원 등이 협력하기 위해 버라이즌Verizon 무선 네트워크가 이용되었다. 소방관들은 곧바로 그들의 인터넷 접속이 심각하게 느려졌다는 것을 알아차렸다. 그들이 데이터 무제한 요금제에 가입해 있었음에도, 버라이즌은 소방국의 인터넷 속도를 평소 다운로드 속도의 1/200 수준으로 떨어뜨렸다. 소방국은 버라이즌에 연락을 취했고, 그 결과 접속 속도가 느려졌다는 것을 확인했다. 그리고 소방국은 만약 두 배 이상 가격의 새로운 데이터 플랜으로 변경하지 않으면 그런 현상은 계속될 것이라는 통보를 받았다.(1)

우리는 이렇게 뻔뻔하기 이를 데 없는 권력 오남용이 미래에 더 많아질 것을 각오해야 한다. 극소수의 사기업이 인터넷을 타고 흐르는 주장과 상업활동, 그리고 표현에 대한 파이프라인을 소유하고 있다. 2017년 연방통신위원회Federal Communications Commission; FCC가 뜬눈으로 망 중립성 폐기를 결정함에 따라 이들 회사들은 그들이 보기에 적합한 방식으로 인터넷 트래픽을 검열하는 백지 위임장을 부여받았다. 민주주의 사회로서 우리가 그들을 멈추게 하지 못한다면, 그들이 언제라도 그짓을 반복할 것이라고 가정하는 것은 결코 과한 생각이 아닐 것이다.

정책 대결에서 망 중립성만큼 공중의 상상력을 사로잡았던 적은 없었다.(2) 입가를 맴돌게 하는 코미디언 존 올리버John Oliver의 13분짜리 중독성 높은 독설에서 FCC 의장 아짓 파이Ajit Pai를 꼬챙이로 찌르는 인터넷 밈에 이르기까지, 누가 미국인들을 인터넷으로 연결하는 파이프를 소유하고 통제해야 하는지에 대한 논쟁은 주류문화 안으로 침잠해왔다. 이는 통신의 역사에서 일찍이 볼 수 없었던 일이었다. 그럼에도 불구하고, 많은 관측자들은 망 중립성을 민주주의의 기본 원칙이자 자유에 대한 것으로 보기보다 여전히 불안정한 기술 논쟁으로 바라보고 있다. 사실 망 중립성에 대한 논쟁은 정부와 인터넷 서비스 사업자들, 그리고 대중들 간의 사회적 계약에 고갱이에 가까운 영향을 직접적으로 미친다. 이 책은 망 중립성이 왜 중요한 문제인지 그리고 그것이 어떻게 되어야 하는지를 해명하는 것을 목적으로 한다.

우선 일반적인 정의를 살펴보자. 망 중립성은 ISPs가 그 원천소스커뮤니케이션 내용 - 역자 주나 목적지커뮤니케이션 발신 또는 수신자 - 역자 주와 상관없이, 합법적인 인터넷 트래픽에 대해 불합리하게 차별하지 못하게 하는 기본원칙을 일컫는다. 많은 경우 망 중립성은 인터넷 자체의 기술적 설계technical design로 체현된다. 인터넷은 단순하지만 재기 넘치는 "단-대-단end-to-end" 원칙에 따라 구축되었는데, 이는 네트워크의 "지능intelligence"이란 그 끝단에 – 네트워크를 통해 트래픽을 보내는 이용자와 어플리케이션 – 있다는 것을 견지하는 것이다.(3) 네트워크의 "정수core"는 "무언의 파이프dumb pipes", 그러니까 네트워크 끝단으로 단순히 트래픽을 흘려보내는 수동적인 하부기반passive infrastructure으로 작동한다. 요컨대, 인터넷은 트래픽을 조작하는 네트워크 소유자와 운용자의 힘은 제한하는 반면 이용자의 자유는 극대화하도록 설계되었다.

정책적 원칙으로서 망 중립성은 ISPs가 그들의 선을 통해 흐르는 트래픽에 개입하지 못하게 하는 근본적인 안전판 역할을 한다. 망 중립성은 FCC로 하여금 컴캐스트와 버라이즌 류의 사업자들이 콘텐츠에 대한 이용자들의 접근에 "속도를 저하시키는 것throttling" 또는 차단하는 것blocking을 금지하는지연 금지와 차단 금지 - 역자 주 규제 권한을 부여한다. 망 중립성은 또한 ISPs가 보다 빠른 스트리밍과 실행시간을 원하는 웹사이트에게 비용을 지불하게 하는, 이른바 "지불 우선권paid prioritization"이라고 순화된 언어가 일컫는 부당한 가격설계를 강제하지 못하도록 한다. 지불 우선권 관행은 지불 능력이 있는 보다 부유한 회사들에게 빠른 접속라인을 부여하는 것으로서, 그렇지 못한 다른 모든 사람들을 느린 인터넷 접속라인으로 내모는 행위이다.

느린 접속 라인은 인터넷 이용자들이 느끼는 불쾌감 그 이상으로 훨씬 심각한 일이다 : 그것은 우리의 정치적·사회적·시민적 삶을 극적으로 바꾸는 잠재력을 가지고 있다. 수많은 연구들은 웹사이트의 실행속도가 오래 걸리면 걸릴수록 이용자들이 다른 곳으로 넘어갈 확률이 더 높다고 밝히고 있다. 실제로 몇 초 간의 지연이 웹사이트 트래픽의 1/3 이상을 떨어뜨리는 원인이 될 수 있다.[4] ISPs에게 인터넷을 빠른 접속라인과 느린 접속라인으로 나눌 수 있게 허용하는 것은 필연적으로 권력과 자원을 가진 이들의 목소리와 이념, 세계관을 과장시킬 수 있다. 반대로 그런 것들이 없는 부류들을 과소평가하게 한다.

따라서 일부 사람들은 망 중립성을 단순히 인터넷에 영향을 미치는 수천 마일의 네트워크를 어떻게 관리할지에 대한 기술적 논쟁으로 보지만, 우리는 망 중립성이 모든 민주주의 사회가 답해야 하는 가장 기초적인 규범과 정치적 질문에 직접적으로 연결된 문제라고 주장한다. 누가 공론장에서 발언할 힘을 가지는가? 우리는 어떻게 스스로 통치하는self-governing 대중을 유지하는 데 필요한 폭넓은 정보로의 접근을 보장받을 수 있는가? 민주주의 사회를 지지하는 데 필요한 커뮤니케이션 기반 시설이 자신의 이익을 추구하는self-interested 기업에 의탁되어야 하는가? 만약 그렇지 않다면, 대안은 어디에 있는가?

비록 망 중립성 자체는 독점 ISPs가구글이나 페이스북과 같이 독점 플랫폼도 마찬가지이다 제기하는 인터넷 자유에 대한 다차원적인 위협을 다루는 데 충분하지 않을지라도, 우리의 시각에서 볼 때 망 중립성은 절대적으로 중요한 전제조건이다. 앞으로 논의하겠지만, 망 중립성 없는 세계는 인터넷의 민주적 가능성을 위험에 빠뜨린 세계이다. 망 중립성을 잃는다는 것은 21세기의 가장 중요한 정보와 커뮤니케이션 하부기반을 이윤을 추구하는 소수의 거대 기업에게 내맡기는 꼴이다.

2000년대 이래 망 중립성을 두고 전개된 무용담은 – 수많은 꼬임과 반전, 극적인 순간과 행동주의 활동 등 – 매력적인 사례 연구 대상이다. 그러나 그것은 또한 때때로 극히 혼란스러운 것이기도 하다. 기술에 관한 전문용어, 업계의 수많은 화두, 타이틀 I Title I "정보 서비스"와 타이틀 II Title II "통신 서비스" 간의 합법성의 거리, 그리고 망 중립성의 숱한 전쟁을 삼켜버린 정치적 난투극의 두터운 갈래들 등을 맴도는 전체적인 이야기는 그것에 대한 해명이 있을 때 분명 도움이 된다.

이 책은 바로 그것을 하고자 한다 : 우리가 어떻게 여기에 이르게 되었고, 앞으로 전진하기 위해 무엇을 해야 하는지를 설명하는 것 말이다.

이 책의 구성…

이 책은 망 중립성을 둘러싼 역사, 정치, 그리고 현재 진행형의 행동주의activism를 정교하고도 포괄적으로 개관한다. 미국과 그 밖의 국가에서 거의 20여 년에 걸쳐 벌어진 망 중립성 논쟁에 대해 – 그 논쟁은 여전히 진행 중이고 지금 우리가 기술하는 중에도 그 목표점은 움직이고 있다 – 기술적·정치적 세부사항 모두를 다루는 것은 현실적으로 불가능하다. 완전한 설명은 훨씬 더 두꺼운 책, 어쩌면 시리즈로 발간되어야 할지도 모른다. 다만 우리는 망 중립성 논쟁을 끌고가는 정책의 뿌리와 경제적 구조, 사회적 힘에 대해 강조하는 가운데 가장 도드라지는 부문들을 다루고자 한다. 미리 말하건대 이 책은 망 중립성에 대한 미국 중심적 설명을 제공한다.[1] 미국적

• • •

1 그리고 이 책을 번역하는 이유는 망 중립성 개념을 만들고 제도적 정착의 리더십을 발휘했던 미국의 사례를 통해 우리사회를 반면교사로 삼고자 하기 때문이다. 정치와 경제제도, 사회적 계약, 더 나아가 사회를 디자인하고자 하는 철학이 국가마다 다를 수 있기 때문에 망 중립성의 가치만 믿고 천편일률적으로 적용해야 한다고 주장하는 것은 섣부를 수 있다. 특히 산업적 활용성이 강한 5G 이상의 네트워크 자체에 망 중립성을 통째로 적용하려는 시도는 자칫 성장의 기회를 앗아갈 수도 있다. 다만 동의될 수 있는 부문은 네트워크화된 사회에서 망 중립성이 일상생활의 민주주의는 물론 제도적 민주주의를 보장받기 위해 지켜져야 할 마지막 원칙이라는 것이다. 20세기 후반 유령처럼 휩쓴 규제완화(deregulation)의 이데올로기가 생활세계와 공동체를 고도로 상업화시킴으로 인해 더욱 그 중요성이 커진 공익과 공정의 마지막 보루인 것이다. 이 책 곳곳에서 그 이유를 발견하게

맥락 하에서 망 중립성에 주목하는 한편으로, 우리의 분석은 여타 다른 국가에서의 망 중립성 논쟁에 대한 함의도 추구한다. 우리는 또한 미국에서 벌어지고 있는 작금의 망 중립성 논의의 궤적이 다른 주도적인 민주주의 국가와 비교했을 때 어떻게 "미국적 예외주의American exceptionalism"의 심급을 담고 있는지를 다양한 측면에서 주목한다.

우리의 목적은 망 중립성 논쟁 자체를 기술하는 데 그치지 않는다. 오히려 그것을 바꾸고자 한다. 일부 학자들은 망 중립성에 대한 생각을 시장 효율성, 경제발전, 경쟁, 혁신 등을 우선적으로 고려하는 법과 경제 이론에 경도되어 있지만, 우리의 분석은 평등주의, 분배 정의, 시민권, 민주적 참여를 옹호한다. 기존의 숱한 문헌들은 망 중립성을, 적어도 은연중에는, 구글, 페이스북, 넷플릭스와 같은 "선량한good" 혁신가이자 콘텐츠 창작자와, 컴캐스트와 버라이즌과 같은 "나쁜bad" ISPs 간의 드라마로 프레임 한다.(7) 이같은 "거인들의 충돌" 서사는 망 중립성에 대한 풀뿌리 행동주의의 역할을 기술하는 대신

• • •

될 것이다. 따라서 5G 또는 그 이상의 네트워크에서는 더 이상 망 중립성이 들어설 여지가 없다고 여기는 것은 손바닥의 한 면만이 내 것이라 주장하는 무척 위험한 발상이다. 4차 산업혁명으로 가는 고속도로로서 네트워크의 산업적 기회와 민주주의가 양립할 수 있도록 하는 지혜를 모을 때이다. - 역자 주.

거대 기업들의 어떤 행동들과 경제적 이해관계만을 드러내 보인다. 우리가 강조하는 많은 부분이 FCC와 독점 통신기업 간의 밀당에 있기는 하지만그 경우 엘리트들 간의 격론처럼 보인다, 우리는 또한 아래로부터의 역사를 탐구하여 망 중립성 논쟁을 진일보시켜 왔던 사회 운동, 행동주의, 깨어 있는 시민들concerned citizens에 대해 주목한다.

우리는 미국 커뮤니케이션 정책의 기나긴 역사로 관심을 옮겨, 최근 망 중립성의 퇴보를 지난 수 십 년에 걸쳐 벌어진 미국인들의 정치 경제적 삶의 폭넓은 변형태로, 뿐만 아니라 기업들의 힘이 정부의 관리감독과 공익을 구렁텅이로 몰아넣은 보다 긴 역사적 궤적의 징후로 재조명한다. 그렇게 함으로써 우리는 망 중립성에 대한 싸움이 구글과 컴캐스트 류의 갈등 그 이상이라는 점을 보여준다: 말하자면 그것은 공론장을 상업화하고 민주적 커뮤니케이션 시스템의 가능성을 침식해내는 아주 폭넓은 프로젝트라는 것이다.

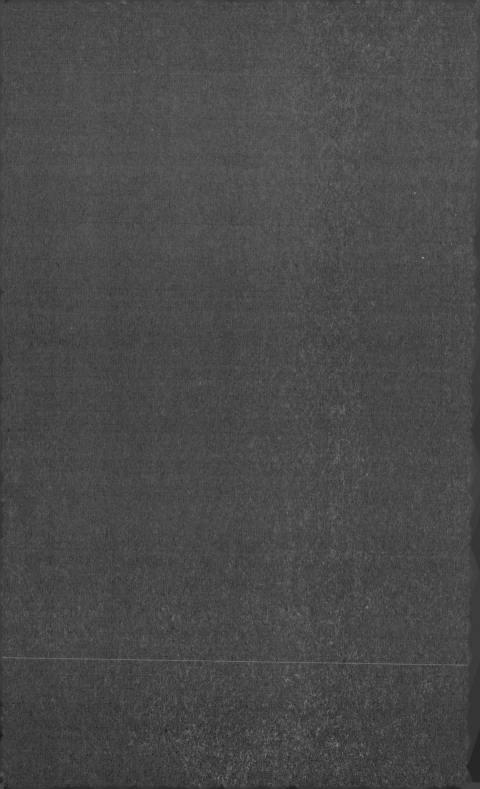

1

커뮤니케이션 하부 기반의 소유권과 통제를 위한 전쟁

DIGITAL NEW DEAL

일부 애널리스트들은 디지털 미디어의 놀라운 능력에 경도된 나머지 인터넷으로 인해 취해진 정책적 문제가 완전히 새로운 것이라고 생각한다. 하지만 많은 점에서 망 중립성 논쟁은 역사적으로 커뮤니케이션 하부 기반을 소유한 기업과 정부의 규제당국, 그리고 공중들이 벌여온 일련의 역사적 대결 양상이 최근 되풀이된 것일 뿐이다. 그것은 또한 두 개의 각기 다른 이데올로기적 입장, 그러니까 미디어 정책에 대해 "사회 민주주의social democratic"라 불리는 입장과 "기업 자유주의corporate libertarian"라 불리는 입장들 간의 충돌이다.(1)

기업 자유주의는 수정헌법 1조의 표현의 자유가 그런 것처럼, 기업 역시 정부의 관리감독과 규제로부터 보호받을 개인적인 자유를 가진다고 가정한다. 기업 자유주의 옹호론자들은 독점기업을 자유시장 경제의 승리자로서 보상받아 마땅할 뿐만 아니라, 경제성장의 중심 동력이자 미국식 자유의 신성가족apotheosis으로 본다. 기업 자유주의는 나름 긴 역사를 가지고 있지만, 그것은 일부 극소수의 기업들이 당시의 "뉴미디어", 즉 라디오 방송을 손에 넣던 1940년대 어느 결정적인 시점에 태동했다. 자유주의 기업 정책 패러다임이 금과옥조로 삼는 것은 정부가 결코 시장에, 특히 미디어 시장에 개입해서는 안 된다는 것이다. 하지만 정부는 그 문제와 항상 결부되어 있다: 진짜 질문은 정부가 어떻게 관계되어야 하고 누구의 이해관계 속에서 행동해야 하는가이다. 달리 말하면, 우리의 커뮤니케이션 시스템은 항상 규제된다. 사실 기업 자유주의자들은 국가의 개입으로 인해 – 정부가 자신의 임무를 통신의 과점oligopoly 이익 증대를 억제하는 것으로 설정하는 한 – 무척 편안한 상태에 있다. 이런 논리는 과거 50년 동안 비등해왔던 반동주의적 정치 설계인 신자유주의neoliberalism의 좌표에 절묘하게 위치해 있다. 신자유주의는 공공 서비스의 사유화, 규제 당국의 퇴각, 모든 일상적 국면의 상업화를 추구한다.

이에 따라 1930~40년대 정부가 라디오 방송의 지배권을 과점 기업에게 넘겼던 것처럼, 1990년대 인터넷 기반시설 역시 대부분 민영화되었다. 하지만 널리 공공자원이었던 것의 이같은 민영화는 기업 자유주의 포지션에 핵심 모순으로 떠올랐다. 한 시대를 풍미했던 인터넷 기원의 신화가 그 태생을 차고에서 그리고 용감한 기업가 정신의 꿈을 가진 이들의 재기 넘치는 작품으로 묘사하곤 하지만, 현실에서 인터넷은 대체로 어마어마한 공공 보조금이 구축한 것이었다. 달리 다른 방법은 있을 수 없었다 : 정부는 민간 영역이 혈안이 되어 단기적인 이익을 창출하느라 진땀을 흘리는 바로 그곳에 장기적인 과학적·기술적 계획에 입각한 거금을 투입했다.(2)

애초에 미국 정부는 국방비를 통해 초기 인터넷 개발을 지원했다. 국방성 고등연구계획국Advanced Research Projects Agency, ARPA; 훗날 DARPA(Defense Advanced Research Project Agency)로 명칭이 바뀜이 알파넷ARPANET을 만들었는데, 주지하다시피 여기에서 오늘날 인터넷의 기본 프로토콜이 개발됐다. 이 시스템은 상호접속interconnection과 차별금지nondiscrimination 원칙을 기반으로 특허로 제한하지 않는 개방형 기술을 적용했다. 그것의 발전을 이끌어가기 위한 상업적 동기가 없었기 때문에 네트워크를 폐쇄하려는 유인동기도 없었다. 그것이 성장해감에 따라 네트워크는 점점 더 유용해졌고, 전국의 대학에 포진해 있던 보다 많은 연구자들이 합류하기를 희망했다. 미국 정부는 '국가과학재단National Science Foundation; NSF'을 통해 인터넷 구축을 위한 직접적인 지원을 이어갔다. '국가과학재단'은 '국가과학재단네트워크NSFNET'를 만들기 위해 1억 6천만 달러를 쏟아 부었는데 그것이 인터넷 백본backbone이 되었다. 그 외에 주정부와 주립대학과 같은 기관으로부터 출연된 공공 보조금이 20억 달러에 이르렀다.(3) 1990년대 초반 이렇게 공적 지원에 힘입은 커뮤니케이션 하부 기반이 일부 소수 메이저 기업으로 넘어갔다. 애초에 인터넷이 상업적 목적으로 구축되지 않았음에도 불구하고, SFNET 백본의 급속한 민영화는 인터넷의 최우선 논리를 이익추구를 지상명령으로 하는 기업에 기여하는 그 어떤 것으로 변질시켰다.(4)

기업 자유주의자들과 달리, 사회민주적 정책 패러다임 옹호론자들은 어떤 공공 서비스들은 너무나 치명적으로 중요한 것이어서 수익을 추구하는 – 그리고 너무나 빈번히 차별을 두는 – 시장에 맡겨둬서는 안 된다고 가정한다. 이 시각은 경제적 삶을 조직하는 데 있어 정부의 적극적이고 전향적인 역할을 기대한다. 그러면서 1930~40년대 프랭클린 루즈벨트 대통령의 뉴딜 정책 당시 미국에서 가장 이상적인 모습을 발견한다. 이 시기 정부 정책은 보다 큰 인류평등주의를 진작시키기 위해 부와 경제적 힘을 재분배하고자 하는 모습의 전형을 보여주었다. 다양한 층위의 사회 운동에 힘입어, 당시 정책 입안자들은 미국 미디어 시스템의 다양한 측면들을 규제하고 탈상업화하고자 했다.

사회민주적 논리는 정보를 공공재public goods로 다루었다. 엄밀히 경제적 관점에서 볼 때, 이것은 정보란 배제불가능하고nonexcludable, 정보를 얻는 데 있어 무상 입성을 배제하기 힘들다, 비경합적nonrivalrous, 어떤 사람의 정보 소비가 다른 사람의 정보 소비의 가치를 떨어뜨리지 않는다임을 뜻한다. 건강한 민주사회는 우리가 누구에게 투표할 것인지부터 우리의 일상적 삶을 어떻게 영위해 갈 것인지에 이르기까지, 모든 것에 대해 현명한 의사결정을 내릴 수 있도록 하는 다양한 뉴스원을 필요로 한다. 그것은 또한 신뢰할 만한 정보에, 이는 대개 생산비용이 많이 드는데, 접근할 수 있는 시민들에게 달려 있다. 그리고 중요한 물적 자본 – 인쇄, 방송장비 등등 – 뿐만 아니라, 뉴스 리포터, 편집자, 카메라 운용자 등을 포함한 인적 자본을 필요로 한다. 사적 영역은 그냥 내버려두면 시장이 명령하는 정보량을 생산하려 한다. 그것은 민주주의가 요구하는 정보량이 아니다가령 모든 국가 구성원들이 사회적 문제에 대해 다양한 시각을 제공하는 다원적인 뉴스 아울렛에 평등하게 접근하는 세계 – 오늘날 미국인들이 가지고 있는 것과는 완전히 동떨어져 있는 것. 이같은 정보 생산의 부족은 정부의 개입을 정당화하는, 심지어 신고전주의 경제 이론의 견지에서 보아도, "시장 실패market failure"의 전형이다.

완전히 상업적인 시스템의 단점을 염두에 본다면, 민주주의 사회는 정보의 생산과 유포를 전적으로 시장의 변화에 내맡겨 둬서는 안 된다. 특히 극소수의 거대기업이 그것을 지배하고, 경쟁이 미약하거나 존재하지 않을 때는 더욱 그러하다. 정부는 공공재를 보호해야 할 의무가 있다. 다시 말해 공공재의 제공을 보장하고 상업적 논리가 그것들을 망가뜨리는 것을 방지하는 안전망을 두어야 한다. 그러나 역사를 통틀어, 사회민주적 정책 패러다임과 기업 자유주의의 정책 패러다임은 전신, 전화, 방송과 같이 통신과 미디어 시스템을 어떻게 규제할 것인지에 대해 첨예한 갈등을 빚어왔다. 이렇게 충돌하는 입장의 차이는 망 중립성 논쟁이 미국에서 어떻게 전개되었는지를 이해하는 배경이 된다.

망 중립성의 장구한 역사

망 중립성을 이해하려면 – 사실은 아주 오래된 원칙이었던 것을 기술하기 위해 2002년 팀 우Tim Wu가 조어해낸 용어 – 그것을 보다 장구한 역사 속에서 살펴볼 필요가 있다.(5) 커뮤니케이션 하부 기반에 대한 차별금지 원칙은 중세 영국의 보통법common law에서 유래한 "공중운송common carriage"법 원칙으로 거슬러 올라간다. 애초에 공중통신법common carrier law은 철도와 항구 같은 운송 네트워크transportation network에 적용되었던 것이지만, 훗날 많은 국가들은 그것을 통신 네트워크telecommunication network에 적용했다.[1] 이런 접근은 일반적으로 필수 서비스는 모든 이들에게 동일한 조건으로 제공되어야 한다는 믿음에 기초해 있다. 그러나 그들의 지위를 게이트키퍼로 – 특정 형태의 콘텐츠와 특정 그룹에 특권을 부여하여 이익을 얻는 차별적 관행을 구조화함으로써 – 악용하는 네트워크 운용자의 미혹 또한 오랫동안 염려되어 왔던 바이다.

실제로 시장 지배력을 획득하고자 엄청난 사회적 비용을

마다하지 않은 통신 사업자들의 노력은 그 역사가 장구하다. 그들은 공익적 보호장치를 부가하려는 정부의 시책과 곧잘 갈등을 빚는가 하면, 보다 신뢰할 만하고 비용이 합리적이며 민주적인 시스템을 확립하고자 하는 물밑 아래의 대중적 압력에 맞닥뜨리기도 했다. 이렇게 계속되는 갈등이 해를 거듭하며 조금씩 조정되기는 했지만 보다 큰 권력 구조는 거의 손을 대지 못했다. 독점적 네트워크 소유자들은 그들의 서비스에 동등하게 접근할 수 있는 권리를 수차례 거부함으로써 이익 극대화를 추구했다.

법원, 의회, 규제기관 등은 통신의 신새벽이 열린 이래로 공중통신common carrier을 다른 방식으로 해석했다. 역사를 통틀어 서로 다투었던 규제모델에는 규제된 독점regulated monopoly,[2] 공적 소유public ownership, 정부주도 시장경쟁government-enforced market competition, 그리고 기업 자유주의corporate libertarianism, 또는 자유방임의 어떤 형태 등을 포함한다. 미국 체신국의 제도적 발전은 – 농촌과 도

• • •

2 통신회사의 '규제된 독점' 체제에 대한 설명은 1983년 기념비적인 《Technologies of Freedom》책에서 자세히 다루고 있다. 20세기 초반 미국은 주파수 사용과 수정헌법 1조의 표현의 자유간의 제도적 정착 과정에서 방송과 통신 모두에게서 국영화와 완전한 상업화를 회피하는 방식을 채택했다. 그 중에서 방송은 공중통신모델을 채택하지 않는 대신 보다 많은 표현의 자유를 가지지만 신문만큼의 자유는 제한하는 것으로, 통신은 독점을 허용하는 대신 공중통신모델로서 보편적 서비스의 책무를 담당하지만 그 이용자들의 표현에 대해서는 면책을 부여받는 규제된 독점 체제로 제도화되었다. - 역자 주.

시 가구를 동등하게 대우하라는 대중적 압박에 응하는 방식으로서 – 차별금지 원칙을 신봉했다.(6) 그러나 초기 전신과 전화의 발전에는 각기 다른 논리가 적용됐다. 그것은 바로 기업의 힘에 대한 대중적 분노에 대응하는 정부의 다차원적인 대응 수준과 관계가 있었다. 대중들의 우려는 특히 네트워크의 제한적인 구축과 높은 요금으로 인해 빚어지는 커뮤니케이션 네트워크로의 불평등한 접근에 맞춰져 있었다.(7)

초기 도금시대The Gilded Age[3]의 커뮤니케이션 네트워크 소유자들은 자신들의 하부 기반을 사용하여 잠재적인 경쟁업체들을 약화시키거나 심지어 봉쇄해버림으로써 지역 내 시장 지배력을 강제할 수 있었다. 이에 따른 갈등은 국가 전체의 전신 중계회선을 소유하고 있었던 웨스턴 유니온Western Union이 네트워크를 거의 완전하게 통제하게 된 1800년대 후반에 전면적으로 부상했다. 1880년대 웨스턴 유니온의 과도한 과금과 질 낮은 서비스에 반대하는 "우편전신"postal telegraphy을 – 정부 소유의 전신 시스템 – 위한 대중 운동이 전신 소비자뿐만 아니

3 미국이 남북전쟁 이후 19세기 말까지 약 30여 년 간 공업국으로 변신하는 과정에 나타난 대호황 시대를 일컫는다. 당시 갑작스런 성장에 따른 물욕과 부정부패를 다룬 마크 트웨인의 동명 작품에서 유래했다. - 역자 주.

라 노동 기사단Knights of Labor[4]과 대중주의 정당Populist Party[5]과 같은 단체의 폭넓은 지지 속에서 그 열기가 최고조에 달했다.(8) 웨스턴 유니온은 시장에서의 지배적인 지위를 유지하기 위해 경쟁 회사를 사들이고, 경쟁적인 공공 전신시스템을 구축하고자 하는 의회와 대중의 지지를 깎아내리려 했다. 규제 제한이 없었기 때문에 웨스턴 유니온은 부유한 비즈니스 고객들에게 서비스하는 것과 같은 수많은 차별적인 비즈니스 관행들을 마음껏 누릴 수 있었다.(9)

19세기 후반에서 20세기 초반까지 점차 몸집을 불려가던 전화회사는 전신에서 야기된 일부 정치적 문제들을 되풀이했다. 그러나 정부의 규제와 아래로부터의 사회적 압력의 협응 덕분에 새로운 커뮤니케이션 시스템은 다른 궤적을 보였다. 연방과 주정부, 그리고 자치정부는 세계에서 가장 큰 전화회사가 되고 있던 벨 시스템AT&T로 불리기도 하는을 두고, 이렇게 점점 더 치명적으로 중요해지는 커뮤니케이션 네트워크를 어떤 종류의 사회적 계약으로 지배해야 할지를 결정해야 했다. 대부

---

4 1869년에 설립된 전국 규모의 급진 노동조합으로서 1917년 노동총연맹에 흡수됐다. - 역자 주.

5 19세기 후반 농업기반의 좌파 정당인 People's Party로 대표되며, 여성 참정권과 철도 및 전신의 국유화 등을 지향했던 정치운동 조직. - 역자 주.

분의 주들이 지역 전화 서비스를 감독하는 공공사업 위원회를 설립했지만, 이들 기관들은 대체로 선출식으로 운영되었다.(10)

보다 효과적인 압박은 지역 커뮤니티와 노동자 집단, 독립 전화 서비스 사업자, 그리고 벨의 지배에 유별나게 도전적인 개인 이용자들에게서 나왔다. 한 예로 1880년대 다양한 유형의 전화 이용자 집단은 불공정한 과금과 청구 행위에 저항하는 가차 없는 스트라이크를 조직했다. 주로 노동자 집단이 이를 이끌었는데, 그들의 저항은 본질적으로 소비자 불매운동이었다.(11) 1800년대 후반에는 특별히 서부와 중서부 지역에서 독립적인 상업적 전화 업체와 조합 방식의 비영리 전화 업체들이 급부상했다.(12)

1900년대 초반까지 벨에 의존하지 않는 경쟁 기업들이 전화 네트워크를 빠르게 확장해 나갔다.(13) 하지만 AT&T의 벨 시스템은 지역 전화 시장을 두고 경쟁하던 독립 전화회사가 자사의 네트워크에 접속하는 것을 번번이 거절했다. 독립 전화회사는 처음부터 낮은 가격을 제공했지만, 벨에게는 경쟁회사가 있는 곳이라면 어디든지 자신의 요금 인하를 통해 단기적인 수익은 희생할망정 장기적인 시장통제력은 유지할 여력이 있었다. 그랬기 때문에 미국과 캐나다 전체에서 "문어발 벨 Bell Octopus"과 독립 운영자들 간에 격렬한 전쟁이 있었다.(14)

독립 전화회사의 등장 말고 지역 수준에서의 전화 서비스를 지자체 소유기관으로 운영하려는 운동이 벨의 독점력에 대한 도전 차원에서 맹렬히 일어났다. 대략 1890년대에서 1차 세계대전이 끝날 때까지, 지역 전화 네트워크에 대한 지자체 소유권 운동은 – 진보주의 운동과 대중주의 운동, 반독점주의 운동, "지역자치규칙municipal home rule"[6] 운동 등에 의해 추진되던 광범위한 의제 중의 한 부분 - 미국 전역의 수많은 공동체와 도시에 정치적 의제를 남겼다.(15)

1900년대 초반 또 다른 강력한 대중적 대안 운동으로 전화통신을 연방 수준으로 "체신화postalization"하거나 국영화하려는 시도가 있었다. 1918년 공공 소유권을 지향하는 이 운동이 최고조에 달했을 때 정부는 벨을 잠시나마 국영화했다. 다시 말해 벨을 정부 소유 우체국의 한 지국으로 두었다**군사적 필요성 면에서 어느 정도 합리화되었다**. 하지만 그 실험은 정부 소유에 반대하는 여론이 비등해진 정치적 변동으로 인해 짧은 생을 마감했다**겨우 1년을 버텼을 뿐이었다**. 체신화의 실패는 결과적으로 국가 통신 네트워크에 대한 사적 기업의 소유권을 견고하게 만들었다.(16)

• • •

6 미국의 많은 주에서 채택된 제도로서, 도시는 주 입법부의 간섭없이 지역의 문제를 규제하기 위해 도시 자체의 헌장을 작성하고 개정할 권리를 가진다는 규칙. - 역자 주.

같은 해 벨의 반경쟁적anti-competitive 행위는 연방 정부의 주목을 끌었다. 이는 독점에 대해 면밀한 조사를 하게 되는 시작점이자, 1911년 스탠다드 오일Standard Oil 케이스가 그랬던 것처럼 벨을 해체시키는 계기였다. 벨은 연방정부가 더욱 커져가는 국가 전화 서비스의 독점력에 대해 조사하는 것에 대응하여 1913년 정부와 법적 개입이 없는 해결책, 그러니까 흔히들 킹스버리 조치Kingsbury Commitment라 불리는 것을 단행했다.(17) 벨여기서부터 AT&T로 불린다은 독점적 지위를 유지하기 위해 웨스턴 유니온에 보유한 자산을 매각하고, 주州간통상위원회Interstate Commerce Commission의 승인 없이 다른 전화회사를 사들이는 것을 제한하며, 독립적인 지역 전화회사가 장거리 네트워크에 상호접속하는 것을 허용하는 것을 골자로 하는 안에 합의했다. 그것은 결국 AT&T에 대한 항복문서에 다름 아니라는 세간의 입방아가 있었지만, 수정주의 역사학자들은 이같은 규제 조치가 실제로 그 회사에 의미 있는 한 방을 먹인 것이라고 평가한다.(18) 무엇보다 상호접속을 기본원칙으로 절대시한 것은 중요한 진전이었다. 그러나 역시나 그것의 정착은 AT&T의 시장 지배력으로 인해 틀어 막혔고, 전화 시장에 대한 통제권을 주장하는 지역에서의 노력을 흐트러뜨리는 부작용을 초래했다. 킹스버리 조치는 정부가 이제 막 피어나고 있는 AT&T의 독점적 싹을 해체하지 못하게 했음은 물론 정부에게 쏟아진 미국 전화 네트워크의 국영화 요구도 무디게 했다.

AT&T는 규제된 독점체regulated monopoly로서 전화시장에서의 지배권을 지속해 갔다. 그 지배권은 경쟁사보다 더 나은 서비스를 제공하는 것으로만 행사되지 않았다. 오히려 그들은 경쟁사를 사들이고, 정부의 규제를 빠져나가며, 약탈적인 가격을 매기고, 네트워크 통제에 몰두하며, 이른바 "네트워크 효과"로 보다 많은 이익을 보장하는 전국적인 상호접속 네트워크를 지배했다.(19) 이런 행위들은 20세기 초반 AT&T의 벨 시스템이 빠른 속도로 자신의 시장 점유율을 높이도록 해 경제적으로나 정치적으로 힘 있는 집단이 되게 했다.(20) 댄 쉴러Dan Schiller는 "AT&T 거인과 맞서는 데 있어 규제는 눈에 띌 정도로 실패하고 있었다."라고 지적한다.(21) 이렇게 어마어마한 규모로 집중화된 기업의 힘은 뉴딜 시기 초반 정부의 감시감독의 필요성을 자극하였고, 마침내 AT&T의 시장 지배력에 위기의 구름을 드리웠다.

뉴딜 기간 동안의 중요한 진전은 연방통신위원회Federal Communications Commission; FCC를 만든 1934년 커뮤니케이션법Communication Act의 통과였다. FCC는 통신과 방송 같은 주요 커뮤니케이션 시스템을 감독하는 핵심 규제기관이 되었다. 커뮤니케이션법은 또한 독점력의 악용에 맞서는 기본적인 보호장치와 함께, 언제나 그렇듯이 정의하기 애매모호한 "공익"에 대한 방어망을 확립했다. 하지만 FCC의 뉴딜 정신에도 불구하고, 루즈벨트 대통령은 초기 위원회에 상대적으로 관심을 두지 않았고, 위원회 또한 다른 뉴딜 규제 기관에 비해 공세적이지 않았다. 어떤 학자들은 FCC가 원래부터 개혁적 의제를 추구하지 않았다고 지적한다 : 오히려 상업 라디오들의 이해관계를 견고하게 하는 데 기여했다고 말한다.[22] 완강한 미디어 개혁가 에버렛 파커Everett Parker는 당시 FCC의 7명의 위원 중 "4명은 AT&T의 손을 탄 사람들이었고, 3명은 방송사의 영향권하에 있던 사람들이었다."라고 비꼬면서, FCC가 미디어 기업들과 밀접한 유대관계 속에서 탄생했음을 상기시킨다.[23] 그렇기는 해도 우리가 뒤에서 보게 되는 것처럼, FCC는 AT&T에 대해 실질적인 규제 독립성을 보였다.

FCC에는 주와 주간의 서비스와 해외 커뮤니케이션 서비스를 규제하는 것은 물론 그런 서비스의 각기 다른 카테고리에 대한 규제 스탠다드를 감독하는 일이 주어졌는데, 그 일은 1934년 커뮤니케이션법의 각기 다른 타이틀또는 섹션 하에서 다뤄졌다. 타이틀 I 과 타이틀 II 는 망 중립성 논쟁에서 가장 함축적 의미를 띠는 섹션이다. 타이틀 I 은 FCC의 책무에 대한 일반적인 조항을 담고 있다. 타이틀Ⅱ는 특별히 공중통신에 관한 것으로, 여기에서 차별금지 수준을 포함해 보다 엄격한 감독과 규제를 다룬다. 그 특성은 다음과 같이 명문화했다: "그런 커뮤니케이션 서비스와 접속하기 위해 그리고 그런 커뮤니케이션 서비스와 접속하는데 있어서의 모든 과금charges, 관행practices, 차등classifications, 규제regulations는 합당하고 합리적이어야shall 한다."(24)

공중통신에 대한 FCC의 정의는 망 중립성의 뿌리를 환기시켜준다. 공중통신으로 분류된 기업들은 그들의 채널을 통해 흐르는 콘텐츠에 맞서서 개입하거나 차별하는 것이 금지되었다. 커뮤니케이션법은 "어떤 공중통신 기업도 직접적으로나 간접적으로 동종의 커뮤니케이션 서비스와 연결하기 위해 또는 그런 연결에서 과금, 관행, 차등, 규제, 시설, 서비스 등에 그 어떤 부당하거나 불합리한 차별discrimination을 가하는 것은 불법"이라고 결정했다. 그리고 그것은 "모든 수단이나 장비"에 대해서도 똑같이 적용되었다. 더 나아가 공중통신이 "특정인이나 계층, 지역에 부당하거나 불합리한 그 어떤 우선권이나 특혜를 만들거나 제공하는 것, 거꾸로 어떤 특정인, 계층, 지역에 그 어떤 부당하거나 불합리한 손해나 불이익을 가하는 것"도 불법이었다.(25)

초기 FCC는 처음부터 상업 라디오의 과점은 용인했지만, 통신에 대해서는 단호하게 보다 공세적인 입장이었다. 1935년 FCC는 AT&T를 조사하면서 – 이 조사를 이끈 FCC 위원 폴 워커Paul Walker의 이름을 딴 워커 보고서에서 – 그들의 시장 지배력에 직접적으로 맞섰다.(26) 상원 주간통상위원회Senate Interstate Commerce Committee가 조사를 위해 75만 달러를 할당하고 루즈벨트 대통령이 발효를 위한 서명을 한 후, 뉴욕타임스는 "통신 회사들과 그들 상호 간의 관계, 그리고 지금까지 추진되어 온 지주회사들에 대한 가장 포괄적인 연구가 될 것으로 기대된다."라고 보도했다.(27) FCC의 요구는 AT&T가 그들 고객에게 부가하는 요금을 포함해 잠재적으로 있을 수 있는 수많은 나쁜 비즈니스 관행을 찾아내는 것이었다. 그 보고서는 대중들에게 독점에 대해 알리고, 그 회사의 장비 자회사인 서부전기회사Western Electric Company가 어떻게 가입자들에게 연간 5,100만 달러2019년 물가 기준으로 거의 10억 달러에 이르는을 과잉청구했는지를 보여줌으로써 AT&T의 명성에 손상을 입혔다.(28) 결국 FCC가 마지막 출판본에서 워커 보고서를 윤문하기는 했지만, 그 보고서는 AT&T가 규제의 노력을 적극적으로 방해했다는 것, 그리고 그들의 이윤이 "공공 서비스를 운용하는 시스템에 비해 비상식적으로 높다"는 것을 발견해내는 성과를 이뤄냈다.(29)

초창기 FCC 조사의 눈부신 성과로 인해 AT&T는 1940년대에 또 다시 조사를 받았다. 이번에는 법무부에 의해서였다. 그 조사는 1949년 AT&T에 대한 법무부 소송에서 절정에 이르렀다. 법률 소송은 1956년 합의명령이 내려지기 전까지 해결되지 않았다. 그 합의명령은 회사의 독점은 유지시켜 주는 대신 자신들의 모든 특허권을 로열티 없이 공유토록 했다. 그것은 공익에 있어 의미있는 승리였다. AT&T는 1974년에 다시 한 번 자신에 대한 반트러스트anti-trust 문제로 감사를 받았고 1982년에 판결이 났다. 이번에는 그 결과가 무척 구조적인 것이었다. 즉 미국 통신의 역사에서 가장 의미있는 반트러스트 조치로서 AT&T를 여러 개의 "베이비 벨"Baby Bells로 쪼개는 것이었다.

이렇게 지금도 진행 중인 오랜 투쟁의 역사적 궤적은 독점통신기업이 그들의 시장 지위로 사회에 해를 끼칠지도 모른다는 오랜 - 그리고 근거가 있는 - 우려에 확실한 안도감을 선사한다. 1984년 AT&T가 쪼개지기 전까지, 많은 사람들이 특별히 AT&T 자신이 그 회사를 "자연 독점natural monopoly"이라고 간주했기 때문에 AT&T가 통신 산업을 지배하는 것은 어느 정도 용인되었다. 자연 독점은 핵심 시스템을 구축하기 위해서는 높은 비용이 필요하지만, 일단 한번 구축이 되면 네트워크에 새로운 고객을 추가하는 데 상대적으로 비용이 거의 들지 않는다. 많은 사람들은 공장과 장비시설을 갖추는 데 엄청난 고정비용이 들면서도 낮은 한계비용을 치르기 때문에 전기와 같은 공공 실용재utility를 자연 독점이라 생각했다.(30) 이런 이론에 따르면, 한 기업이 이런 서비스에 투자하고 유지해 나가는 것이 사회적으로 가장 최적인 경우가 빈번히 있을 수 있다.

과도한 시장 지배력의 오남용을 막고 공적 서비스를 제공하도록 유인하기 위해 자연 독점을 깨트리는 대신 규제 인센티브와 패널티가 사용될 수 있다. 그런 경우 정부는 통신사업자가 어떤 공익 서비스를 제공하는 대가로 그들에게 독점권을 부여할 수 있다. 전화통신업이 성장함에 따라, 정부는 공중통신을1910년까지 공식적으로 법전화되지 않은 강제하여 통신기업이 해당 서비스에 기꺼이 비용을 지불하려는 고객을 차별하지 않도록 했다.(31) 보편적 서비스universal-service 의무AT&T가 1900년대 초반 미국 전화통신업에 대한 자신의 지배력을 정당화하기 위해 붙인 용어 또한 AT&T로 하여금 멀리 떨어진 곳과 이익이 별로 나지 않는 곳에 네트워크를 설치하도록 압박했다. 이것은 오늘날의 ISPs가 심하게 결여하고 있는 보호방안, 다시 말해 유동성이 풍부한 곳 바깥에 별로 수익이 나지 않는 곳을 체계적으로 무시하는 이른바 "디지털 금줄 긋기digital redlining"라 불리는 관행이다.(32)

망 중립성에 있어 또 다른 중요한 선례는 1966년에 시작하여 1980년대에 정점에 이른 세 차례에 걸친 일련의 FCC 컴퓨터 심리Computer Inquiry였다. 이 조치는 커뮤니케이션 시스템에 있어서 점점 더 커지는 컴퓨터의 중요성이 FCC의 규제 역할에 어떤 변화를 가져오는지, 그리고 규제된 통신산업과 규제되지 않은 컴퓨터 서비스 산업간의 경계와 관계를 어떻게 설정할 수 있는지 평가하는 것이 목적이었다.(33) FCC는 AT&T와 같은 공중통신사업자가 그들 자신의 데이터 처리활동에 특권을 부여하게 되면 반경쟁 행위에 연루될 수 있을 것으로 우려했다. 따라서 FCC는 "순수한 커뮤니케이션pure communication"서비스와 "순수한 데이터 처리pure data processing" 서비스간의 구조적 분할을 법제화하려 했다. 문제는 컴퓨터 처리가 점점 더 커뮤니케이션과 데이터 전송 모두에 깊이 결부되고 있다는 점이었다.

1976년 두 번째 심리는 오늘날 "정보" 서비스와 "통신" 서비스간의 구분을 예시하는 규칙을 꺼내들었다. 이 심리에서 FCC는 커뮤니케이션을 두 개의 법적 카테고리, 즉 "기본 서비스basic services"와 "부가통신 서비스enhanced services"로 나누기로 결정했다. 이 카테고리에 따르면, 기본 서비스는 단순히 정보를 실어 나르는 음성 전화 서비스였다. 부가통신 서비스는 음성 메일과 같이, 내부에 깔려 있는 하부 기반에 의해 전달되는 데이터를 수정하거나 추가하는 정보information와 컴퓨터 연산computation을 포함했다.(34) 이렇게 계층화된 규제모델은 통신 하부기반 자체보다 기본 통신 하부 기반을 통해 전송되는 데이터를 훨씬 덜 규제하도록 하기 위한 것이었다. 결국 이런 심리를 통해 시장 자유주의적인 FCC는 공중통신 보호 바깥에 빠르게 성장하는 활동 영역을 설정함으로써 차별금지와 관련한 초반의 우려를 하나씩 하나씩 불식시켜 나갔다. 그럼으로써 컴퓨터 심리는 인터넷이 타이틀Ⅱ 아래에서 규율되어온 수많은 통신 서비스를 점점 더 많이 수행하게 됨에도 불구하고, 공중통신 사업자로서의 책임을 저버리는 지속적인 시도를 위한 토대를 마련해 주었다.(35)

20년 후 또 다른 어떤 치명적인 전문용어는 통신정책에 대한 기업 자유주의의 섬뜩한 영향력을 보여주었다. 의회는 1980년대 공화당과 민주당 정부 할 것 없이 그들 아래에서 광범위하게 이어온 규제완화deregulation라는 미디어 정책의 열기를 안고, 그간 규제의 지표가 되었던 1934년 커뮤니케이션법을 처음으로 정밀 분석하여 1996년 마침내 통신법Telecommunication Act을 통과시켰다. 디지털 시대를 위한 미국 미디어 정책의 개혁 시책이라고 알려진 그 법은 민주·공화 양당의 지지 속에 의회를 통과하여 빌 클린턴Bill Clinton 대통령의 사인과 함께 발효됐다. 그 법은 컴퓨터 심리에서 확립된 두 가지의 카테고리를 재명명하여, 기본 서비스는 "통신 서비스telecommunication services"로여전히 엄격한 공중통신 규제를 받고 있다, 부가통신 서비스는 가벼운 규제를 받는 "정보 서비스information services"로 재정의했다. 1996년 통신법은 케이블 요금에 대한 규제를 완화하고 핵심적인 방송 소유 제한을 삭제하여 거대한 합병을 이끌어냈다. 하지만 시장 과잉을 제어하는 공중통신의 역사적 중요성은 여전히 폭넓게 인식되고 있었다. 심지어 1996년 통신법의 규제완화 바람에서도 차별금지 원칙은 원래대로 남겨졌다.(36)

망 중립성 전쟁이 시작되다

이런 역사적 일화가 우리에게 보여주는 것은 공익을 위한 강력한 규제가 부재하는 경우 커뮤니케이션 독점체는 – 다른 모든 독점이 그렇듯이 – 경쟁을 무력화시키고 그들의 독점력을 활용하기 위한 활동들을 주저 없이 해 왔다는 것이다.(37) 이런 역사는 또한 대중 운동이 통신 독점의 상업적 과잉을 제어하는 데 일정한 성공을 거두어 왔다는 것도 보여준다. 자신의 기반 시설에 대한 통제를 극대화하려는 네트워크 소유자들의 욕망은 공중통신 규칙을 유지함으로써 어느 정도 방어되었다. 인터넷에 수 십 년 앞섰던**또는 운송 네트워크에서는 수 백 년이 앞선** 그 규칙은 망 중립성의 중요성을 알리는 전조였다. 공중통신 사업자로서 전화회사는 그들의 채널을 통해 흐르는 콘텐츠에 개입하거나 차별하는 것이 금지되었다. 전화 서비스가 타이틀 Ⅱ의 공중통신으로 분류된 이래 전화 회선**그것이 아니라면 다이얼-업 인터넷이나 DSL**을 통해 제공되는 인터넷 서비스 또한 애초에는 공중통신법의 지배를 받았다. 이같은 분류법은 FCC로 하여금 전화 서비스 제공자가 트래픽을 막거나 속도를 떨어뜨리지 못하게 함으로써 차별금지 원칙을 방어해내는 권한을 부여했다.

하지만 인터넷이 급속하게 확장하고 그것의 상업적 가치 또한 증가하면서 자신의 하부 기반에 대해 보다 폭넓은 통제권을 행사하려는 전화회사의 욕망 또한 극대화되었다. 이는 특히 케이블 회사에서 그랬는데, 그들은 전화 서비스 사업자처럼 엄격하게 규제되는 것을 원치 않았다. 2002년 공화당에서 지명된 FCC 의장 마이클 포웰Michael Powell은 케이블 선을 통해 제공되는 인터넷 접속을 "정보 서비스"로 재분류하고자 했다. 앞서 언급한 것처럼, 정보 서비스는 커뮤니케이션법의 타이틀 I 에 해당하는 것으로, 그것은 타이틀 II 가 규율하는 엄격한 소비자 보호를 포함하지 않는 것이었다. FCC는 케이블 ISPs를 타이틀 I 의 정보 서비스로 재분류하는 안에 대해 3-1 정당 라인두 번째 민주당 위원은 아직 임명되지 않은 상태였다에 따라 투표했고, 그 결과 이제 FCC는 케이블 광대역망 소비자를 보호하기 위한 규제 도구를 거의 갖지 못하게 됐다. 갑작스런 정책의 변화로 FCC는 홀로 반대표를 던진 마이클 콥스Michael Copps 위원과 깊은 갈등을 빚었다. 그는 미국 커뮤니케이션 하부 기반 규제가 실패하고 있다는 취지의 비장한 경고를 날렸다: "오늘날 우리는 의회에서 확립한 법적 프레임워크에서 핵심적인 커뮤니케이션 서비스를 없애버리는 … 그러면서 규제의 음악 의자 게임을 즐기는 그런 길목으로 발길을 내딛는 냉혹한 조치를 취하고 있다." 콥스는 그 이슈를 "어마어마한 관련성을 지닌 공공 정책의 문제"라고 칭하면서, "미국이 광대역을 어떻게 배치하느냐의 문제는 우리나라가 직면한 하부 기반에 대한 중심적인 도전이다"라고 사전 경고를 보냈다. 이것이 지닌 함의는 단순한 소비자 선택은 물론, 불리한 입장에 놓인 집단이 "우리의 일반적인 자산을 차별 없이 충분히 공유할" 기회를 똑같이 가질지 어떨지에 이르기까지 모든 것을 포함했다.(38)

전체적으로 그 결정에 대해 케이블 산업은 – 이런 변화를 위해 오랫동안 로비하고 노력을 기울인 – 무척 반긴 데 반해, 공익 옹호론자들은 매몰차게 비난했다.(39) 콥스와 같은 개혁론자들은 반 망 중립성anti-net neutrality 주장의 번지르르한 자가당착이 초래할 소비자 보호장치의 실종이 우려의 수준을 넘어섰다고 통렬히 비판했다: "산업과 정부 쪽의 많은 사람들이 통신사들의 병고를 치료하기 위해 개방형 인터넷의 종언을 처방하고 있다. 그들은 자신들이 하고 있는 일이 순전히 '시장 지배력을 극대화하고', '규제완화하며', 시장자유주의의 레토릭을 그들의 의제에 맞추도록 적용하는 것이라고 주장한다." 콥스는 시장자유주의 입장의 핵심적인 흠결을 꼬집었다 : "그들은 실제로 스스로 승자와 패자를 골라야 할 때 승자와 패자를 고르는 것에 온갖 악담을 퍼붓는다. … 나는 만약 위원회의 현재 사고방식이 완전히 실행된다면, 우리는 돌이켜보고 고개를 가로저으며 우리가 알고 있던 공개적이고 역동적이며 자유로운 인터넷이 어떻게 된 거지 라고 의아해 할 것임을 믿어 의심치 않는다. '도대체 어떤 약속을 한 거지'라고 말할 것이다. 만약 그렇게 된다면 역사는 우리를 용서하지 않을 것이다.

그렇게 해서도 안 된다."[40]

이 시기에 인터넷 서비스를 판매하던 일부 영세하고 독립적인 케이블 회사들은 전화회사가 그들 네트워크로의 접근권을 경쟁자들에게 합리적인 가격으로 판매해야 한다고 규정한 공중통신 보호 규칙에 의존하고 있었다. 이들 회사 중 하나로 캘리포니아에 기반을 두고 있는 브랜드 XBrand X는 제9차 전미순회항소법원에서 FCC의 재분류에 이의를 제기했다. 그 결과 FCC가 케이블 광대역망 서비스를 타이틀 I 의 정보 서비스로 재분류하는 것을 무효화시켰다.[41] 케이블 회사는컴캐스트와 타임워너 같은 여전히 독립 ISPs에게Earthlink, 브랜드 X 같은 그들의 네트워크에 대한 접근권을 팔도록 요구받았다.

하지만 이 결정은 항고되었고 이후 2005년 6월 27일 전미케이블통신협회 대 브랜드 XNational Cable & Telecommunication Association v. Brand X 대법원 판결에서 6 : 3으로 뒤집어졌다. 그 결정은 케이블 텔레비전 산업의 본산인 전미케이블통신협회NCTA의 주장을 받아들인 것으로, 직전 항소법원의 결정을 뒤집어 케이블 광대역에 대한 FCC의 분류를 "통신 서비스"가 아닌 "정보 서비스"라고 확인시켜주는 것이었다. 그에 따라 케이블 회사는 공중통신법으로부터 면제되는 권한을 부여받았다.[42]

보수적인 앤토닌 스캘리아Antonin Scalia 판사가 전개한 반대론은, 여기에서 그는 자유주의 성향의 사우터David Souter 판사와 긴즈버그Ruth Bader Ginsburg 판사의 동참을 얻게 되는데, 케이블 인터넷 사업자는 통신 서비스를 제공하지 않았었다는 주장이 담고 있는 원초적인 불합리성을 강조했다 : "이것은 노회한 기관이 경솔하게 믿어버린 법원의 일부 도움으로 어떻게 법적인 제한을 관료적 재량권으로 바꿔내는지를 보여주는 놀라운 예증이다. 위원회가 공중통신에 대해 가지는 규제 권한의 핵심 출처는 타이틀Ⅱ이지만, 위원회는 '통신 서비스'의 정의가 모호하고 케이블 모뎀 서비스에는 현재의 관점으로는 적용되지 않는다고 결론내림으로써 이 사례에 들어맞지 않는 것으로 보았다. … 모든 말과 행동이 이뤄진 후, 규제를 위한 일체의 언어들이 번역되고 기관의 전문성의 연기가 날아가 버린 후, 완벽하게 사실로 남는 것은 케이블 모뎀 서비스를 판매하는 누군가가 통신을 '제공하고' 있다는 점이다."(43)

그럼에도 불구하고, 케이블 인터넷 서비스를 타이틀Ⅰ 정보 서비스로 재분류하는 FCC의 결정은 케이블 인터넷 사업자가 그들의 기반시설을 경쟁자들에게 공유할 필요가 없다는 것, 그리고 그들이 차별금지의 원칙을 지켜야 할 의무가 없다는 것을 의미했다.[7] 대법원의 브랜드 X 결정이 이뤄진 몇 주 후, FCC는 DSL처럼 전화 네트워크를 통해 제공되는 인터넷 서비스를 "정보 서비스"로 재분류함으로써 전화회사에 동일한 권한을 부여하는 또 다른 규칙을 통과시켰다. FCC는 이렇게 법적인 안전망을 제거함으로써 ISPs가 자신들이 선호하지 않는 콘텐츠에 대한 접근 제한을 부가할 수 있는 가능성을 잉태시켰다. 많은 공익 옹호론자들은 이같은 판결이 새로운 게이트키퍼 계급의 시대를 엶으로써 인터넷의 개방형 정신과 차별금지의 속성을 위험에 빠트렸다고 지적했다.

2005년 브랜드 X에 관한 대법원의 치명적인 판결 이후, 콥스 위원과 아델스타인Jonathan Adelstein 위원은 FCC 동료들을 설득하여 "인터넷 정책 담화"를 채택하도록 독려했다. 그것은 인터넷 이용자들이 합법적인 콘텐츠에 접근하고, 어플리케이션과 서비스를 실행하고, 네트워크에 디바이스를 연결하고, 각기 다른 콘텐츠와 서비스 제공자들 간의 경쟁으로부터 이익

• • •

7 NCTA v. 브랜드 X 소송은 인터넷 접속 서비스를 보편적 통신 서비스로 볼 것인지 아니면 정보 서비스로 볼 것인지에 대한 중요한 결정 사례이다. 당시 이 사건의 핵심 이슈는 케이블 모뎀을 통해 제공하는 서비스의 성격에 관한 것이었다. 연방대법원의 판결은 DSL 기술을 사용하든 케이블 모뎀을 사용하든 인터넷 접속서비스는 통신 서비스를 제공하기는 하지만 기본적으로 정보 서비스라는 것이었다. 그러면서도 연방대법원은 FCC가 정보 서비스에 대해서도 타이틀 I 에 입각해 상대적으로 완화된 규제권한을 행사할 수 있음도 확인해 주었다. - 역자 주.

을 얻는 것을 골자로 하는 인터넷 이용자 기본권에 관한 것이었다.[44] 많은 사람들은 이런 움직임을 궁극적으로는 강제하기 힘든 넓은 의미의 상징적인 노력으로 보았지만, 그럼에도 불구하고 정책 담화는 보다 강력한 망 중립성 원칙에 대한 담론적 지지를 제공했다.

그런 중에 풀뿌리 망 중립성 운동이 큰 성과를 보여 처음으로 이 이슈가 정치적 테이블 위해 올라갔다. 청원 캠페인, 의사당 이벤트, 미디어 취재 등은 국가적 담론 내 망 중립성의 위상을 드높였다. 개방형 인터넷 행동주의자들은 이 논쟁을 콘텐츠에 대한 차별금지로 프레임하여, 망 중립성을 수정헌법 1조로서의 함의뿐만 아니라 넓게는 민주주의 현장이라는 주목을 이끌어냈다. 그들은 또한 일상생활 내 사회적, 정치적 삶에서 점점 더 중요해지는 인터넷의 중심적 위치를 강조했다. 개혁론자들은 인터넷이 대형 ISPs들의 수익 창출을 위한 노리개 감으로 취급되기에는 너무나 귀중한 것이라고 주장했다. 오히려 사회는 독점 기업의 상업적 이익과 규율되지 않은 변덕스러운 시장으로부터 그것을 보호해야 한다고 주장했다.

이런 입장은 망 중립성 보호를 백번 양보해도 불필요할 뿐 아니라 최악의 경우 자유시장에 대한 강압적인 정부의 일방적인 강요라고 보는 공화당 FCC 위원의 생각과 충돌했다. 전

FCC 위원인 맥도웰Robert McDowell은 훗날 2008년 워싱턴포스트의 특집란에서 후자의 입장에서 망 중립성 찬성론에 대해 힐난했다. 그는 "정치인이나 관료가 아닌 엔지니어들이 공학적 문제를 해결해야 한다."라고 주장했다.(45) 자유방임의 입장이 FCC에서 승리한 것처럼 보였지만, 이렇게 망 중립성 운동은 패배를 인정하지 않았다.

어떤 중요한 전환점이 2007년 컴캐스트가 자사 가입자의 트래픽 속도를 저하시키는 것이 들통 났을 때 발생했다. 그것은 이발소 4중주barbershop quartet 음악에 – 화려한 모자와 셔츠, 멜빵바지 등을 입은 4명의 남성 또는 여성들에 의해 아카펠라 스타일로 공연되는 20세기 초반 민속음악 장르 – 빠져 있는 온건한 성향의 네트워크 엔지니어 롭 토폴스키Robb Topolski에서 시작했다. 그해 2월 토폴스키는 그가 가입해 있는 ISPs인 컴캐스트가 사용자 간 직접 접속의 파일 공유 클라이언트인 BitTorrent에서 합법적으로 공유하는 세기말적 음악을 차단하고 있다는 것을 발견했다.(46) 그것은 그가 가장 좋아하는 음악이었다. APAssociated Press는 어떤 실험을 통해 컴캐스트가 BitTorrent와 여타 사용자들 간의 직접 접속 기술을 은밀하게 막고 있다는 것을 자체적으로 확인할 수 있었다: AP는 컴캐스트 네트워크를 통해 킹 제임스 바이블King James Bible 텍스트

파일을 다운로드하려 했지만 막혀 있었다. 훗날 그들 고객이 BitTorrent에 접근하는 것을 조작했음을 인정했지만, 그 시기 컴캐스트는 어떤 잘못도 없다고 완강히 부정했다. 논쟁이 최고조로 달아오르던 어느 날 한 컴캐스트 대변인은 "우리는 어떤 어플리케이션에 대한 접근도 막지 않고 어떤 트래픽도 감소시키지도 않습니다"라고 시치미를 뗐다.[47]

이발소 4중주 음악을 공유할 수 없는 한 명의 지칠 줄 모르는 인터넷 이용자의 좌절로부터 시작한 저항은 곧바로 국가적 스캔들로 옮겨 붙었다. 두 개의 미디어 개혁 조직인 '자유언론Free Press'과 '공공 지식Public Knowledge'은 FCC에 컴캐스트에 대한 불만처리를 공식적으로 제기했다. 그것은 2005년 인터넷 정책 담화가 정한 금지항목, 즉 이용자가 합법적인 인터넷 콘텐츠에 자발적으로 접근하는 것을 막지 못하도록 한 것을 어겼다는 혐의였다. 논쟁이 탄력을 얻으면서 FCC는 2008년 2월 25일 하버드 법학부에서 공공 청문회를 개최하여 그 이슈에 대해 논의했다. 하지만 이 이벤트는 컴캐스트에게 있어 또 한 번의 PR 악재였다. 합법적인 인터넷 트래픽을 남몰래 막은 것이 진즉에 들통났음에도 불구하고, 컴캐스트가 자신들의 행위에 대한 공개 대화를 막으려 했던 것이 만천하에 알려진 것이다. 컴캐스트는 많은 행동주의자들과 진심으로 우려하는 시민들을 한겨울의 차가운 야외로 내몰면서, 길거리의 익명적 대중을 고용하여 청중으로 가득 채우고 신호에 따라 컴캐스트 대표자에게 호응을 보이도록 했다는 것을 인정해야 했다.(48)

결국 공화당 FCC 의장인 케빈 마틴Kevin Martin은 대열을 깨고 민주당 성향 위원들에 합류하여 3 : 2의 결정으로 컴캐스트가 불필요하게 자신들의 가입자 트래픽에 간섭했다는 데 표를 던졌다. 통렬한 판결문에서 FCC는 "고품질 비디오를 시청할 수 있는 BitTorrent가 아니었더라면 인터넷 이용자들이 케이블 텔레비전을 통해비용을 들이며 시청했을 것이기 때문에 BitTorrent는 컴캐스트와 같은 케이블 사업자들에게 경쟁적인 위협이 되었"던 것으로 설명했다.(49) 컴캐스트는 그 결정에 항소했다. 그리고 2010년 콜럼비아 지역 항소법원은 FCC가 타이틀 I 에 따라 네트워크 중립성 규칙을 집행하도록 하는 "그 어떤 법적인 책무"도 없다는 취지로 FCC의 판결을 뒤집었다.(50)

FCC는 새로운 망 중립성 보호 방책을 세우기 위해 처음부터 다시 시작했다. 거기에는 최상의 행동 방침이 무엇인지를 두고 불꽃 튀기는 논쟁이 있었다. 타이틀 I 으로 망 중립성을 보호하는 것이 여전히 가능하다는 주장이 있는가 하면, 다른 한편에서는 법원이 설명했던 것처럼 타이틀Ⅱ에 미치지 못하는 그 어떤 것도 완전히 운명을 다했다는 주장도 있었다. 민주당이 당시 FCC를 지배하고 있었음에도 불구하고, 그리고 오바마 대통령이 망 중립성에 대해 캠페인을 했음에도 불구하고, FCC 의장 줄리우스 제나쇼스키Julius Genachowski는 타이틀Ⅰ을 통해 다시 한 번 망 중립성 보호방안을 확보하려는 보다 보수적인 입장을 내보였다. 콥스 위원과 같은 많은 망 중립성 옹호론자들은 이런 결정에 동의하지 않았다. 그들은 "효과적으로 강제할 수 있고", "가장 확실한 법적 기반"에 바탕을 둔 강력한 보호방안을 요구했다. 콥스는 "첨단 통신을 타이틀Ⅱ의 통신으로 재분류하는 것"이 필요하다고 믿었고, FCC가 "당장 그렇게 하여 그 문제를 해결해야 한다."고 주장했다.(51) 그러나 FCC는 제한적인 타이틀Ⅰ에 근거해 "개방형 인터넷 질서Open Internet Order"를 채택하는 투표를 실시했고, 콥스도 어쩔 수 없이 마지막에 가서 그것을 지지할 수밖에 없었다.(52) FCC에 의한 실용주의적인 타협이었다고 일부 느끼기도 했지만, 비판론자들은 타이틀Ⅰ에 의존하는 것은 여전히 강제하기 힘들고 법적인 약점이 있다는 입장이었다.

이들 비판론자들의 주장은 버라이즌이 FCC와의 소송에 성공하여 상대적으로 약한 규칙마저 뒤집어졌을 때 적중했던 것으로 판명났다. 2014년 1월 워싱턴 DC 순회항소법원은 2010년 '개방형 인터넷 질서'의 대부분, 즉 ISPs가 콘텐츠, 앱, 그리고 그들의 네트워크를 사용하는 장비를 막거나 불합리하게 차별하는 것을 금지하는 것을 기각함으로서 FCC를 다시 한 번 좌절시켰다. 법원은 '개방형 인터넷 질서'가 광대역 ISPs에게 공중통신 의무를 부과했다고 판결했는데, 그것은 FCC가 그들을 분류한 방식과 정반대되는 것이었다.(53) 그에 따라 많은 비판론자들이 하나같이 말해온 것을 확인이라도 해주듯, DC 순회 재판소는 FCC가 타이틀 I 하에서는 망 중립성을 제도화하는데 필요한 규제 권한을 결여하고 있다고 선언했다.

핵심적인 망 중립성 부과를 배척하는 것이었지만, 법원의 그 결정이 망 중립성 지지자들에게 되돌릴 수 없는 뼈아픈 패배였던 것만은 아니었다. 2010년 '개방형 인터넷 질서'에 대한 기각은 그 규칙의 본질에 입각해서가 아니라 협소한 관할권 문제로 그렇게 했기 때문이다. 개혁론자의 시각에서 볼 때, 그것은 의미있는 망 중립성 보호방안을 구축하라는 분명한 방향을 제시해 주는 것이었기 때문에 약한 FCC에게 있어 더없이 아픈 패배였다. 법원의 결정은 망 중립성을 재도입할 것인지 그리고 어떻게 도입할 것인지에 대한 책임을 FCC에게 돌린 셈이다. 따라서 FCC는 선택에 직면했다 : 광대역 인터넷을 타이틀Ⅱ 통신 사업자로 재분류하는 강력한 망 중립성 보호방안을 채택할지, 아니면 "유사 망 중립성net neutrality like"이라는 어떤 개념으로 물러설지의 선택.

망 중립성의 일시적인 승리

FCC가 어떻게 할지는 불투명했다. 산업 친화적인 FCC 의장 제나쇼스키가 물러나고, 무선 분야와 케이블 산업의 로비스트였던 톰 휠러Tom Wheeler 신임 의장이 취임했다. 그는 자신의 재임기간을 상징하는 그 사건을 넘겨받기 전 몇 개월 간의 직무기간 동안에서도 훨씬 보수적인 선택을 추구했다. 그는 재분류를 추진하기보다 DC 법원이 제시한 규칙을 개조하기로 마음을 정했다.(54) 2014년 4월 그는 FCC의 다른 4명의 위원들에게 – 2명의 민주당 성향의 위원과 2명의 공화당 성향의 위원 – ISPs가 페이스북, 구글, 넷플릭스와 같이 거대 지배적 기업들에게 빠른 접속라인을 제공하는 것을 골자로 하는 제안서를 돌렸다 빠른 접속라인이 있다면 느린 접속라인이 있기 마련이다. 휠러 의장의 제안서 역시 ISPs가 어떤 경쟁자에게는 배타적으로 빠른 접속라인을 제공하고 그 외에 대해서는 그렇게 하지 않는 것을 허용하는 안이었다. 그 제안이 ISPs를 "힘들게" 할 것이라는 휠러의 주장에도 불구하고, 그는 본질적으로 케이블과 전화 회사가 거의 10여 년 간 제안해왔던, 그리고 오바마 대통령이 상원의원이었던 때로부터 일관되게 반대했던 바로 그 계획을 제안하고 있었다.(55)

휠러의 제안은 망 중립성 옹호론자들로부터 볼 것도 없이 퇴짜를 맞았고 활동가들의 집중포화에 직면했다. 2014년 여름 수 백 만 명의 사람들이 FCC 웹사이트에 몰려가 휠러의 제안을 성토하는 코멘트를 남겼고, 급기야 그 웹사이트를 다운시켜 버렸다. 미디어 지지 조직과 기술 회사들의 연합편대인 '넷을 위한 투쟁Battle for a Net'는 그 해 9월 10일 "인터넷 먹통의 날Internet Slowdown Day"을 조직해, 4만여 개의 웹사이트가 그들 회원들에게 선출직 대리자들이 강한 망 중립성 규칙을 지지하도록 요청했다. 이같은 행동주의의 결과에 대해서는 3장에서 자세하게 다룰 것이다.

2015년 2월 26일, FCC는 마침내 개혁론자들의 오랜 숙원, – 불과 몇 달 전까지만 해도 가능할 것이라고 생각하지 않았던 – 즉 광대역 인터넷 접속을 통신 서비스로 재분류하여 공중통신 규칙의 지배를 받도록 하는 조치를 단행했다. 그것은 미국 미디어 정책의 역사에서 가장 중요한 공익적 결정 중 하나로서, FCC는 3 : 2 정당 성향의 투표를 통해 광대역망을 커뮤니케이션법 타이틀Ⅱ 하의 공중통신 서비스로 재분류했다.

개혁론자들은 '개방형 인터넷 질서'를 공익을 정의하고 방어하는 역사적 고군분투에서 핵심적이면서도 전례를 찾기 힘든 승리라고 추켜세운다. 이 결정은 FCC가 ISPs로 하여금 온라인 콘텐츠를 차별하는차단하거나 속도를 떨어뜨리는 것을, 또는 콘텐츠 창작자가 비용을 지불할 여력이 있는지에 따라 접속라인을 빠르게 또는 느리게 조작하는 것을 금지하는 규제 관할권을 가지고 있음을 의미했다. 이 결정은 인터넷을 타이틀Ⅱ가 규정하는 통신 서비스의 지위로 되돌리고, FCC에게 기업의 게이트키핑을 막는 데 필요한 규제 권한을 부여했다. FCC가 망 중립성 보호방안을 최종적으로 통과시키기 훨씬 전에 위원회를 떠났던 콥스는 그 결정을 "FCC의 역대급 의결"이라고 불렀다.(56)

강력한 망 중립성 보호를 통과시킨 FCC의 역사적인 결정은 13년 간의 투쟁에 쇄기를 박았는데, 그것은 엄청난 양의 풀뿌리 조직들과 대중들의 시위가 있었기에 가능한 일이었다.

그것은 또한 아직까지 도래하지 않은 전쟁에도 대적할 수 있는 열려 있는 장치로 기능했다. 이후 공화당이 이끄는 의회는 광대역 인터넷에 대한 FCC의 규제 권한을 꺾고자 계속해서 법적인 도전과 노력을 기울였다. 여러 소송 당사자들은 곧바로 법률 심리를 위한 자문단을 구축했고, AT&T는 FCC가 최종 결정을 내리기도 전에 FCC에 소송을 제기하겠다는 생각을 공표했다.(57) 망 중립성 지지자들은 법원이 망 중립성을 뒤집을 가능성 말고도, FCC가 가까운 미래에 공화당이 대통령 선거에서 이기고 FCC의 다수파가 되면 '개방형 인터넷 질서'를 뒤집을 수 있을 것이라고 우려했다. 이런 염려는 결국 사실로 드러났다.(58)

망 중립성을 위한 오랜 발걸음은 다시금 미디어 개혁의 역사로부터 중요한 교훈 하나를 얻는다: 만약 우리가 커뮤니케이션 시스템에 대한 독점력이나 기업 통제와 같이 핵심적인 구조적 문제를 다루는데 실패한다면, 망 중립성과 같이 중요한 보호장치는 그 생명이 짧을 수밖에 없다. 개혁론자들에게 이 결정은 공익을 위한 만능키로 보였지만 유감스럽게도 그 승리는 오래 가지 못했다.

망 중립성의 흥망

도널드 트럼프의 예상치 못한 당선은 다시 기업 자유주의의 철학을 FCC의 권좌에 올렸다.[(59)] 트럼프는 취임하자마자 새 FCC 의장으로 아짓 파이Ajit Pai를 임명했다. 그는 전직 버라이즌 법률자문가이자 일관되게 정당-라인 공화당 투표로 수년 동안 FCC에 몸담았던 보수적인 상원의원의 보좌관이었다. 파이는 처음부터 규제 타파를 위한 "오물청소" 정책을 쓰겠다고 선언했고, 일차 목표물로 망 중립성 제거를 정조준했다.[(60)] 파이는 ISPs가 망 중립성 하에서 재정적으로 힘들고, 그로 인해 기반시설에 대한 투자를 망설인다는 미덥지 않은 항변에 의거하여 2017년 초반 망 중립성을 도려내는 계획을 만천하에 공표했다.[(61)]

폐기의 방법론은 수많은 비민주적 운동, 특히 비민주적인 FCC의 여론수렴 과정을 통해 진행됐다. 사회정치에 관심 있는 시민들은 전례 없는 2천 여 만 개의 코멘트를 남겼는데, 그들 중 대부분은 망 중립성을 유지하는 것을 선호했다.[(62)] 어느 틈엔가 FCC의 여론수렴 시스템이 붕괴됐고, 공화당 FCC 위원은 해커에게 책임이 있다는 식으로 몰아갔다. 그것은 나중에 완전히 날조임이 드러났다.(63) 수백 건의 부정한 코멘트를 포함해 수많은 반칙과 불법이 있었다는 중요한 증거에도 불구하고, 파이 의장은 이같은 문제를 조사하거나 망 중립성 철회 결정을 연기하는 것에 대해 거부의사를 분명히 했다.

그런 움직임에 반대하는 기발하고도 압도적인 대중적 압박에도 불구하고, FCC는 공중의 여론을 무시하고 무작정 자신들이 하고자 하는 일을 진행시켰다. 2017년 12월 14일 드라마틱한 순간에 – 예정된 투표가 있기 바로 직전에 익명의 폭탄 위협이 있다는 제보로 잠시 투표를 멈춘 바로 그 때 - FCC는 조지 오웰풍의 '인터넷 자유질서 재건Restoring Internet Freedom Order'을 통과시켰다. 그것은 광대역 인터넷 접속을 타이틀 I의 정보 서비스로 재분류하여 핵심적인 망 중립성 보호 조항을 삭제하는 것이었다.(64) 하지만 어떤 기조에서 볼 때, FCC의 결정은 대부분의 사람들이 기대했던 것보다 훨씬 더 나아간 것이었다. 이전 공화주의자들이 망 중립성 조항을 훼손하려 노력했다면, 이번 건은 망 중립성이 보호할 가치가 있는 – 미약하고 강제적이지 않은 방법으로도 – 원칙이라는 그 어떤 겉치레도 없었다. 파이는 ISPs가 인터넷 트래픽을 차단하고, 속도를 늦추고, 지불 우선권을 제공할 때 그것을 공개적으로 밝히는 것만으로도 공익이 실행된 것이라고 주장했다.

파이의 레토릭은 기업의 과점 이익 실현에 초점을 맞춘 음험한 이데올로기를 가리는 가면이었다. 이같은 이데올로기의 실행이 보여주는 것은 망 중립성이 누가 우리의 인터넷을 형성하는 관tube과 선wire을 관리하는가보다 훨씬 더 큰 문제라는 점을 시사한다. 그것은 그것이 무엇이든 정부가 인터넷에 관한 어떤 엄격한 규제 권한을 가지는지 어떤 지에 관한 것 그 이상이었다. 파이는 망 중립성 보호방안을 내던짐으로써 수십 년 동안 원해왔던 통신사들의 숙원, 그러니까 정확하게 규제 감독으로부터의 자유라는 근원적인 선물을 선사했다.

망 중립성 없는 세계

대부분의 정책 결정에서 어떤 이익은 다른 것에 대해 누리는 혜택이다. 그리고 곧잘 특정 집단은 부당하게 피해를 입는다.

망 중립성의 상실이 바로 그렇다. 이 보호방안이 없게 되면 유료 미디어 환경에서 경쟁할 자원을 가지지 않은 독립 미디어 아울렛과 반대파의 정치적 목소리가 특히 위기에 처한다. 더 나아가 우리는 망 중립성 보호방안이 없으면 ISPs가 자유롭게 콘텐츠를 차단하거나 속도를 늦추고, 특정 아울렛, 특히 경제적 경쟁자의 시각과 뉴스**이것은 소비자에게 해를 입힐 수 있다**, 그리고 반기업적 정치적 지향을**이것은 민주주의를 해칠 수 있다** 제한시킬 것이라는 점을 어렵지 않게 상상할 수 있다. 집중화된 기업의 힘에 반대하는 정치 집단이 – 특별히 미국에서 점차 부상하고 있는 사회민주주의 운동 – 가장 큰 타격을 입을 것이다. 저널리즘이나 행동주의에 참여한 사람이라면 누구라도 표현에 대한 기업 검열이 법적으로 허락된 망 중립성 이후 세계에 대해 특히 더 우려할 것이다. 장차 도래할 기업 자유주의 인터넷 환경에서, 정치적 좌파에 있는 사람들은 부당하게 공격받을 수 있는 취약한 상태에 처하게 된다.

물론 산업의 대중들에게 강력한 타이틀Ⅱ의 보호 규정이 사라진 상황에서도 그들이 망 중립성을 준수할 것임을 보증한다고 서둘러 발표했다. 하지만 ISPs들이 인터넷 트래픽을 차단하거나 속도를 저하시킬 수 있다는 우려는 단순히 이론상으로만 가능하다거나 추측으로만 존재하는 것이 아니다:

일찍부터 망 중립성 침해에 대한 분명한 전례가 있었다. FCC가 2010년 '개방형 인터넷 질서'를 발효하기 전 ISPs가 자사의 네트워크에서 그들의 비즈니스 관행을 깎아내리거나 비방하는 커뮤니케이션을 검열했던 수많은 사례들이 있었다. 2004년 노스캐롤라이나 주의 ISPs인 메디슨 리버Madison River가 자사의 DSL 고객이 경쟁 회사Vonage의 VoIP 전화 서비스를 쓰지 못하게 했을 때, 빠르면 그 해에 중립적이지 않은 네트워크가 출현할 지도 모른다는 몇몇 경고가 있었다. 2005년 캐나다에서 두 번째로 큰 통신 기업인 Telus는 노동 쟁의 중에 회사를 상대로 한 파업을 지지하는 웹사이트의 호스팅 서브를 막기 시작했다. 2006년 AOL의 Time Warner는 자사 고객들이 AOL이 제안한 계층화된 이메일 시스템에 반대하는 대량의 이메일 캠페인을 진행했을 때 이를 차단했다.(65)

2010년 '개방형 인터넷 질서'가 실행되기 전에도 ISPs들은 정치적 언변에 대한 게이트키퍼 역할을 자처했다. 2005년 7월 컴캐스트는 가입자들이 이라크 전쟁의 종결을 주장하고 조지 W. 부시 대통령의 탄핵을 추진한 After Downing Street로부터 이메일을 수신하는 것을 차단하다가 적발되었다. 컴캐스트의 그런 행위로 인해, 의회 로비 계획이 그런 것처럼, After Downing Street는 회원들과 적재적시에 커뮤니케이션할 수 있는 능력이 현저히 저해되었다.(66) 한 달이 채 지나지 않아 또 다른 반전 조직이 이메일을 통해 자신들의 지지자들과 커뮤니케이션하는 데 어려움에 처했다. 이번에는 컴캐스트, 콕스, 그리고 여타 ISPs들이 MeetWithCindy의 이메일을 차단한 것이다. 신디 쉬한Cindy Sheehan은 반전 운동가였는데, 그녀의 아들은 미 육군 특수군의 케이시 쉬한Casey Sheehan으로 이라크에서 전사했다.(67) 이와 비슷하게 2007년 AT&T는 펄 잼Pearl Jam 콘서트의 웹 생중계에서 그룹의 리더 싱어 에디 베더Eddie Vedder가 노래했을 때 이를 검열했다: "조지 부시, 이 세상을 그냥 내버려 둬; 조지 부시 집에나 가버려." 군중 속의 팬들은 베더의 가사를 들을 수 있었지만 AT&T의 DSL 고객들은 16초 동안 소리를 듣지 못했다. 계속되는 논쟁을 벌이던 와중에 펄 잼은 웹사이트에 다음과 같이 썼다: "AT&T의 행동은 커뮤니케이션 미디어를 통해 무엇을 보고 듣는지를 결정하는 기업의 권력에 대해 우려하는 대중의 마음에 깊은 생채기를 냈다."(68)

보다 최근의 망 중립성 위반행위는 무선 인터넷 네트워크에서 그 사례가 폭증하고 있다. 이는 대체로 FCC의 2010년 개방형 인터넷 질서의 계층화된 구조tiered structure가 만들어놓은 결과이다. 즉 무선 ISPs와 유선 ISPs 간의 임의적인 규제 차별, 다시 말해 유선에만 망 중립성을 적용한 때문이다. 2011

년 MetroPCS는 이용자들이 유튜브를 제외한 모든 웹사이트에서 4G 네트워크로 영상을 스트리밍하지 못하게 했다. 2011년에서 2013년까지 AT&T, T-Mobile, 버라이즌은 이용자들이 구글 지갑Google Wallet에 접속하는 것을 차단했다.[8] 왜냐하면 그것이 자신들의 모바일 지불 앱인 Isis와 경쟁관계였기 때문이다. 2018년 11월 ISPs에 대한 대중들의 분노가 들끓고 있을 때에도 연구자들은 스프린트Sprint가 그해 새해 벽두부터 스카이프Skype로의 접속 속도를 떨어트렸다고 폭로했다. 이것은 체계적으로 밝혀지고 대중적으로 알려진 유일한 사례이다. 우리는 과거에 벌여졌거나 장차 미래에 있을 망 중립성 침해의 정확한 정도에 대해 거의 알지 못할 지도 모른다.

이들 사례들이 보여주듯이, 망 중립성 논쟁은 항상 인터

• • •

8 ISPs가 구글 지갑 접속을 차단한 것이 망 중립성 이슈라면, 안드로이드(구글)나 iOS(애플) 등 스마트폰 운영 시스템과 그런 시스템의 앱 마켓을 지배하는 플랫폼 운영자가 해당 시스템 안에서 유료 서비스 행위를 하는 콘텐츠 사업자들의 결제를 자신들이 개발한 내부결제 시스템으로 결제하도록 하고 수수료를 매기는 인앱결제(in-app purchase)는 플랫폼 중립성(platform neutrality) 이슈라 할 수 있다. 구글은 2020년 9월 향후 구글플레이에서 유통하는 모든 디지털 콘텐츠 앱에 대해 구글의 결제방식을 의무화한다고 발표한 바 있다. 플랫폼 중립성은 시스템 운영자는 물론 포털, 소셜 미디어 등 사회적으로 중요한 기능을 수행하는 플랫폼이 제3의 이용자(개인일 수도 있고 기업 또는 어떤 단체일 수도 있음)를 차별하는 문제를 포함한다. 결국 망 중립성 이슈만큼이나 플랫폼 중립성 이슈가 점점 더 현실이 되고 있는데, 그 진행 방향은 망 중립성 찬성론자였던 부가통신 사업자들(구글, 넷플릭스, 페이스북 등)이 ISPs와 지불 우선권과 같은 협약 하에 전략적 동거 상태에 들어가고, 그렇게 확보된 네트워크 역량으로 여타 기업이나 이용자로부터 안정적인 수익을 거둬들이는 락인(lock-in) 방식이 현실화되고 있다. - 역자 주.

넷 선에 관한 기술적 언쟁 그 이상이었다. 그것은 대중들이 정치적으로 그리고 창의적으로 자신을 표현하고 그들이 선택한 정보에 접근할 권리에 대한 광범위한 권력투쟁의 속성을 띠고 있다. 그것은 또한 정부가 공평한 경쟁의 장을 보장하는 문제이자, 독점 기업이 사회적으로 치명적인 하부 기반을 악용하는 것을 방지하는 문제에 관한 것이다. 기본적으로 이런 논쟁은 우리의 민주주의와 우리의 삶에서 기업의 역할에 관한 것이다. 망 중립성 옹호론자들에게 이것은 더없이 명확한 것이다: 망 중립성 보호방안을 폐기한 FCC의 결정은 컴캐스트와 버라이즌 같은 ISPs에게 온라인 콘텐츠에 대한 우리의 접근을 제한하고, 표현을 검열하며, 기업의 힘을 한층 더 증폭시킬 "빠른 접속라인"이라는 유료상품이 생겨나도록 방임할 것이다.

2

광대역의 카르텔

DIGITAL NEW DEAL

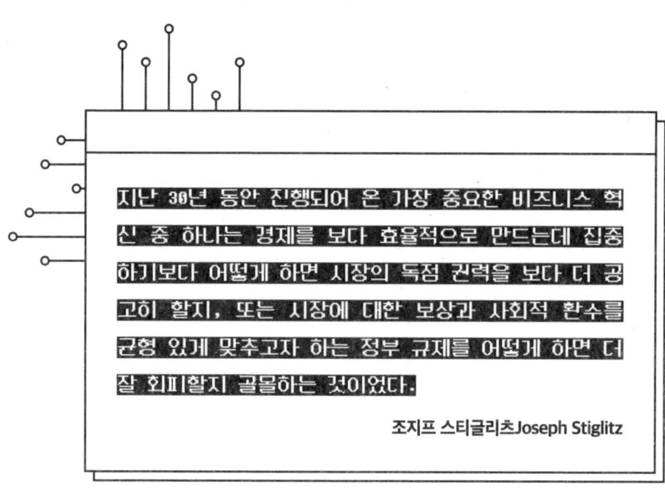

> 지난 30년 동안 진행되어 온 가장 중요한 비즈니스 혁신 중 하나는 경제를 보다 효율적으로 만드는데 집중하기보다 어떻게 하면 시장의 독점 권력을 보다 더 공고히 할지, 또는 시장에 대한 보상과 사회적 환수를 균형 있게 맞추고자 하는 정부 규제를 어떻게 하면 더 잘 회피할지 골몰하는 것이었다.
>
> 조지프 스티글리츠Joseph Stiglitz

1992년 여름 빌 클린턴 대통령 후보는 앨 고어Al Gore를 자신의 러닝 메이트로 낙점한 후 고어의 기술 정책 의제 중 상당 부분을 자신의 플랫폼으로 가져왔다. 클린턴은 고어의 가장 야심찬 아이디어를 토대로 "정보고속도로information highway"를 대규모 뉴딜 스타일의 공적 프로그램의 핵심으로 내걸었다. 정보고속도로는 구축은 정부가 하고 운영은 사적 영역에서 하지만, 공적 영역에 의해 실질적인 규제와 감독을 받는 공공 네트워크로 인식되었다.(1) 애초에 이 아이디어는 1990년대 당시 경제 위기 타개를 위해 수요를 촉진하고자 했던 케인즈학파 주도의 사회 민주주의적 프로그램이었다. 그럼으로써 중요한 공익을 제공하고자 했다. 하지만 이 계획은 – 특히 장거리 전화 사업에 대한 – 월 스트리트의 강력한 반대에 직면하게 되고, 이에 행정부는 재빨리 방향을 전환하여 후속 사업 제안 단계에서는 공적 사업과 공적 투자에 관한 언급을 배제했다. 클린턴 행정부는 결국 미국의 인터넷 인프라 발전은 "사적 영역이 선도해야 한다"라고 말하면서, "서비스의 혁신과 확장, 더 넓은 참여 그리고 낮은 가격은 규제된 산업 환경에서가 아니라 시장 주도적 영역에서 일어날 것"이라고 주장했다.(2)

이 일화는 공공 정책 패러다임을 케인즈학파로부터 미디어 기업의 이익을 공익보다 우선시하는 신자유주의 또는 기업 자유주의로 이동하고 있다는 것을 보여주는 상징적인 사건이다. 이 장은 지난 20년 동안 이러한 상업 논리가 광대역 산업에서 독점 권력이 성장하는 데 중요한 역할을 했음을 보여준다. 우리는 망 중립성 철회가 광대역 산업, 특히 컴캐스트, 버라이즌 그리고 차터Charter 같은 기업들이 휘두르는 거대 시장 권력의 독점 구조를 예고하는 징후임을 주장한다.

접속 거부

1990년대 많은 호사가들은 인터넷의 출현이 레거시 전화와 케이블 기업들에게 종말이 임박했음을 알리는 신호라고 예언했다. 그들은 인터넷 음성데이터 전송기술인 VoIPvoice over IP가 유선 전화 수요를 대체하고, 인터넷에 의해 촉발될 창조적 혁신의 무한궤도 하에서 온라인 비디오 스트리밍이 케이블 텔레비전을 대체할 것이라고 전망했다. 《*Economist*》는 "스카이프Skype와 여타 VoIP 서비스들의 부상은 한 세기 전에 설립된 전통적인 전화산업의 종말을 의미하는 것에 다름아니다"라고 확신했다.(3) 하지만 그 예언은 디지털 혁명으로 인해 없어질 줄 알았던 유선 전화와 케이블 산업을 오히려 디지털 혁명이 다시 부흥시킴으로써 적중하지 못했다 : 인터넷이라는 것 자체가 기존의 정보통신 하부구조 위에서 확장되는 방식이었기 때문이다. 20세기 케이블 산업과 독점 전화 기업들은 일반 가정과 기업 고객들에게 인터넷 접속을 제공하는 망을 소유하고 있기 때문에 디지털 시대에도 살아남을 수 있었고 실제로 더욱 번창했다.

지금 전화 및 케이블 기업이 미국 내 대부분의 가정으로 뻗어 있는 통신 라인을 제공하고 있지만, 이들 기업들이 국가의 지배적인 ISPs가 되기까지는 상당한 정치적 투쟁이 있었다. 1996년 통신법Telecommunications Acts[1] 상의 오픈 액세스 요구는 당시 전화 산업과 독립 ISPs 간에 짧지만 격렬한 경쟁 시대를 열었다. 오픈 액세스 조항은 전화 회사가 자신이 소유한 망을 잠재적 경쟁자들에게 개방하지 않음으로 인해 얻을 수 있는 시장 독점력을 약화시켰다. 전 FCC 의장 윌리엄 캐너드William Kennard는 "독점 시장에 경쟁을 도입하기 위해서는 정부에 의한 일관된 경쟁 친화적 개입이 요구된다… 이런 생각은 정부가 방해하지 않으면 경쟁이 자연히 활성화될 것이라는 말인데, 내 입장에서는 이해가 안된다"고 지적했다.(4)

실제로, 적극적인 정부 정책은 통신 회사들의 사적 재산권을 제약함으로써 인터넷 접근을 위한 자유롭고 경쟁적인 시장 여건들을 창출해내었다. 그 덕택에 AOL이나 Earthlink 같이 수천 개의 새로운 독립 ISPs가 등장했다. 그들은 기존 전화

• • •

1 1996년 텔레커뮤니케이션법은 통신법으로도 불리며 미국 법 체계에서 근 60년 만에 1934년 커뮤니케이션법을 대대적으로 개편한 것이다. 이 법령의 기조는 통신 산업 분야의 시장에 경쟁을 촉진하고, 누구나 통신 산업에 참여할 수 있는 환경을 보장하는 것이다. - 역자 주

회사의 구리 전화 네트워크를 통해 다이얼 호출dial-up 또는 디지털 가입자 회선DSL 인터넷 서비스를 제공함으로써 사업을 확충하고 기존 전화 사업자들과 경쟁했다. 1998년 미국인 중 92%는 전화선만으로 제공하는 일곱 개 또는 그 이상의 ISPs에서 입맛에 맞는 기업을 고를 수 있었다.(5) 망 중립성은 ISPs 시장에서 이렇게 넘쳐나는 경쟁이 서비스 품질과 가격은 물론 이거니와 기존 사업자들에 의한 차별과 약탈적인 시장 행태를 막는데 효과적이라는 점을 증명해 보이고 있었다. 오픈 액세스가 보장되는 건강한 인터넷 서비스 시장에서 소비자들은 단지 서비스 제공자를 바꾸는 것만으로도 소비자를 차별하는 ISPs를 응징할 수 있었다. FCC 자체 연구 또한 오픈 액세스 네트워크가 다른 추가적인 부담 없이 보다 저렴하고 보다 우수한 경쟁적인 서비스를 제공한다는 점을 확인해 주었다.(6)

그러나 이렇게 경쟁적인 인터넷 서비스 시장은 오래 지속되지 않았다. AT&T와 스프린트 같은 거대 전화 기업들은 독립 ISPs에게 정부가 규정한 속도로 자신들의 통신망을 임대해 주는 것을 기피했다. 독립 ISPs들은 거대 전화기업들이 제공한 망 속도가 그들이 협상에서 요구했던 것에 미치지 못한다고 주장했다. 컴캐스트나 타임워너 같은 거대 케이블 기업 또한 그들이 타이틀Ⅱ의 공중통신으로 분류됨으로써 독립 ISPs

가 자신들의 인프라를 활용할 수 있도록 강요받지 않을까 우려했다. 1996년 통신법 이후 국면에서 전화와 케이블 기업들은 오픈 액세스 폐기를 위한 로비 활동과 소송전에 수백만 달러를 썼다. 그에 반해 네트워크 인프라 투자는 지속적으로 축소했다. 텔레커뮤니케이션 학자 롭 프리든Rob Frieden은 네트워크 운영자들이 "시장보다 법정에서 경쟁에 대해 더 많은 관심이 있는 것처럼 보인다"라고 평가한다.(7)

결국 연방대법원의 브랜드X 판결로 인해 대다수의 독립 ISPs는 문을 닫았다자세한 내용은 제1장 참조 - 역자 주. 기존 사업자들은 독립적인 사업자들에 대한 망 제공을 중단하거나 독립 ISPs가 그들에 대항하여 경쟁하는 상황을 효과적으로 막을 수 있는 가혹한 망 임대 조건을 부가했다. 가령 타임워너는 인터넷 서비스 사업을 지속하길 원하는 모든 독립 ISPs로 하여금 타임워너 측에 구독 수익의 75%, 부가 수익의 25%를 지불해야 한다고 요구했다.(8) 1990년대 많은 ISPs는 구리 전화선 하나만 있으면 인터넷 접속 서비스를 제공할 수 있었지만, 오늘날 전화, 케이블 또는 광섬유 통신망들은 거의 대부분 오직 하나의 ISPs에 전속되어 있다.

오픈 액세스 정책의 철회는 광대역 시장에 경쟁력 있는 신참이 들어서는 데 거대한 장벽을 놓았다.(9) 오픈 액세스 정책이 부재한 상황에서, 독점적인 광대역 시장에 도전하고자 하는 독립 ISPs는 이미 고속 인터넷 서비스가 보급된 도시와 마을에 중복적인 신규 네트워크를 건설하는, 달리 말하자면 "과잉 구축"을 위한 자본을 쏟아 부어야 했다. 따라서 기성 ISPs의 잠재적인 도전자들은 장기간에 걸쳐 천천히 회수될 수밖에 없는 거대한 규모의 선행투자 비용을 감수해야 했다. 그것도 고객 경쟁력 측면에서 기성 ISPs를 능가할 정도로 투자해야 했다. 구글 파이버Google Fiber를 전국 범위의 인터넷 서비스로 만들고자 했던 2016년 구글의 시도가 실패한 것은 기존 설비의 공유 대신 신규 네트워크 구축을 통한 광대역 시장 진입이 가장 탄탄한 자금력을 바탕으로 장기적으로 움직일 수 있는 기업에게조차 얼마나 어려운 일이었는지를 여실히 보여주는 사례이다.

"강요된 액세스", "강요된 진입" 그리고 "인프라 사회주의" 같은 구절을 들먹이는 오픈 액세스 반대론자들은 자유주의적 용어법으로 프레임을 짠다.(10) 자신들의 반대 의견을 ISPs의 사적 재산권에 대한 무단 침입이라는 식으로 말이다. 2003년 공화당 측 FCC 이사 마이클 포웰Michael Powell은 "누군가 공중통신처럼 보이고, 그런 냄새가 풍기고, 그렇게 느껴지는 광대역에 대해 규제 체제를 들이민다면 그들에게 꽥 소리 지르

세요! 그들은 거의 항상 그게 '쉬운 일'이라고 생각한다고. 시장에 내놓을 손이 얼마나 큰지 보자고 요구하세요. 그것이 뭐든 어디서 멈춰야 하는지 알아야 한다고 주장하세요"라면서 오픈 액세스를 맹렬히 비난했다.(11) 오픈 액세스를 보다 정치하게 비판한 것으로 보수 성향 연방대법관 앤토닌 스캘리아Antonin Scalia는 독립 ISPs가 자신들이 버라이즌 망에 접속하는 것을 거절했다는 이유로 버라이즌을 고소한 버라이즌 커뮤니케이션즈 대 트링코Verizon Communications v. Trinko 2004년 대법원 판결에서 "강제적인 공유가 있기 위해서는 반트러스트 법원이 적절한 가격과 수량, 그리고 여타 거래 조건그들에게 적합하지 않는 역할을 파악하는 중앙 계획자로 그 역할을 해야 한다"라고 주의를 촉구했다.(12)

"강요된 액세스"라는 자유주의 담론 안에서 볼 때, 시장은 자유의 원천이며 국가는 부당한 위계, 중앙 집중화 그리고 강압의 도구이다. 여기서 아이러니는 폐쇄적인 액세스 모델이 적용되던 때보다 오픈 액세스 시기의 미국 내 인터넷 서비스 영역이 보다 경쟁적이고 탈집중화된 시장을 창출했다는 점이다. 기업 자유주의자들은 기성 ISPs의 사적 재산권은 침범될 수 없고, 독립 ISPs에게 자신들의 인프라를 공유해야 할 의무를 지지 않는다는 입장을 고수하면서 인터넷 액세스에 대한 시장 독과점이 전개되는 것에 대해 찬동했다. 게다가 비록 오픈 액세스에 대한 반대가, "중앙 설계자central planners"가 지운 강압적인 법령처럼, 주로 반-국가주의적 용어로 표현되었음에도 불고하고, 컴캐스트, 버라이즌 그리고 AT&T 같은 기업들의 지배가 가능했던 것은 20세기 전반기 케이블과 통신 산업의 시장 형성 과정에서 어느정도 정부가 수행했던 역사적인 역할 때문이기도 하다. 실제로 오늘날 ISPs 제국은 정부가 케이블 텔레비전 시스템에 부여한 독점 라이센스 체제 또는 20세기 국가 보호 체계 하의 벨Bell 시스템 중의 하나가 낳은 그 후손들이다. 정부가 통신 시장의 경쟁 체제 진입에 대해 법적으로 제한하는 것을 보장해 주었기 때문이다.

통신 기술과 시장 발전을 위한 정부의 중요한 역할이 사라지면서, 거대 기업들은 기술 진보의 강력한 엔진으로서 자신들의 지위를 공고히 한 반면, 미국 정부는 시장의 경제적 성장의 장애물이라는 오명을 떠안았다. 사실은 앞서 우리가 논의했던 막대한 보조금을 차치하고서라도, 공중통신법이 없었다면 다이얼 업 시대의 인터넷은 결코 스스로 성장할 수 없었다. 이러한 진실은 적어도 두 가지 근거에서 진실이다. 첫째, 타이틀Ⅱ 오픈 액세스 조항은 미국 전역에서 인터넷 접속을 위한 활력있는 시장을 창출했다. 1990년대 후반에서 2000년대 초에 이르는 이 시기는 인터넷을 보급하기 위한 광범위한 지원이 있었던 시기였다. 둘째, 공중통신 규칙은 통신 사업자들로 하여금 고객이 네트워크를 이용할 때 자동응답 전화나 팩스 같은 장비와 디바이스 선택권을 가지도록 강제했다. 나아가 1968년 FCC의 기념비적인 카터폰Carterfone 결정[2]은 AT&T와 다른 전화사업자들에게 자신들의 전화 네트워크에 타사 장비의 연결을 허용하도록 함으로써 이러한 보호 정책을 확립했다. 타사 장비 활용이 네트워크 운영을 방해하지 않는 한 말이다.(13) 카터폰 결정은 필수 장비였던 모뎀이 광범위하게 보급될 수 있는 길을 터주었다. 그러한 원칙이 통용되기 전까지 AT&T는 전화 장비 시장 내에서 다른 기업들이 제조한 장비가 그들의 네트워크에 연결되는 것을 금지함으로써 자신들이 갖고 있던 국가 기간 통신 사업자로서의 영향력을 거의 독점에 가깝게 행사할 수 있었다.(14) 인터넷 발전에 기여한 이러한 정책적 뿌리는 인터넷에 대해 널리 알려진 서사에는 주로 빠져 있지만, 인터넷의 창조와 확산을 추동한 쪽은 소위 자유 시장이 아니라 정부였음을 보여준다.

• • •

2 카터폰은 라디오 주파수를 활용하여 가정 내 유선 전화기와 연결해 통화할 수 있는 장치다. 이 당시 독점적 통신사업자였던 AT&T는 다양한 이유를 들면서 고객들이 카터폰 사용을 할 수 없게 금지하려고 했지만 결국 법률 투쟁에서 패했다. - 역자 주

전쟁은 없었다

신고전경제학파[3]적 사고에서 권력이라는 말의 정의는 자유로운 시장 경제의 부재를 뜻한다. 시카고 대학 경제학자 조지 스티글러George J. Stigler는 "완벽한 경쟁의 핵심은 … 권력이 완전히 분산되는 것"이라고 말한다. 스티글러는 또한 권력이란 "소멸이 되어 … 1갤런의 물이 사백오만 평방 제곱미터에 뿌려져 완전히 없어져 버리는 바로 그런 것"이라고 덧붙인다.(15) 우리 시대의 신고전경제학 지지자들이 규제가 없는 시장의 미덕에 집착하지만, 경쟁을 촉진한다는 미명 하에 도입된 통신과 케이블 산업에서의 규제완화는 사실 통신시장의 독과점과 대기업화만 초래했다.

1996년 통신법은 통신산업 전반에 "만인에 대한 만인의

• • •

3 애덤 스미스의 보이지 않는 손으로 상징되는 고전파 경제학을 계승한 학파를 지칭한다. 정부의 적극적인 시장 개입을 주장한 케인스 경제학에 대응해 형성되었으며, 시장을 자율에 맡기면 가격의 기능에 의해 생산과 소비가 적절히 조화되고 경제도 안정적으로 성장한다는 시장 논리와 합리적 선택 이론을 근거로 한다. - 역자 주

투쟁"이라는 홉스주의Hobbesian적 시각에서 제안된 것이었다.(16) 10여 년 동안 진행된 그 일[4]은 1994년 중간선거에서 권력을 장악한 공화당원들인 "깅리치Gingrich 계급"[5]의 공작, 즉 앨 고어 부통령을 포함한 클린턴 행정부의 핵심 구성원들, 그리고 정책 결정자들에 의해 사적으로 초대받는 수 천 명의 산업 로비스트들이 벌인 일이었다.(17) 정책 당국자들이 소유권 규제와 여타 규제 정책을 완화하면서, 버라이즌이나 Bell Atlantic, 장거리 전화 사업자AT&T와 MCI 같은, 케이블 기업들은 전통적으로 전문성을 갖고 있던 사업 분야를 공략하고 시장 지분 경쟁을 하기 위해 각자 보유하고 있던 인프라를 활용할 수 있게 되었다. 그 결과 기존 케이블과 전화 사업자들과 위성 사업자들, 무선 사업자들, 심지어 전자 사업자들"전력선을 활용하는 광대역망 분야" 간 합병이 뒤따랐다.

하지만 1996년 통신법이 통신기업들 간의 살인적인 경쟁만을 남긴 것은 아니었다. 오히려 거대 케이블 기업들과 전화

• • •

4 1996년 통신법은 실제 빌 클린턴 행정부가 의회의 주도권을 갖고 있던 공화당과 타협한 산물이었다. 애초에 통신법 개정 움직임은 중간선거에서 압승한 공화당의 주도로 본격화되었고, 규제 철폐를 적극적으로 내세운 공화당과 신중론을 내세운 민주당의 타협 결과 1996년 통신법 개정에 이르렀다. - 역자 주

5 1994년 중간선거에서 공화당이 1952년 이후 42년만에 미국 상하원을 동시에 장악한 사건을 지칭하며 이때 뉴트 깅리치 의원은 공화당 권력의 핵심이었다. - 역자 주

회사들 사이에 온화하고 평화로운 공존이 있었다. 통신법은 경쟁이 일상적일 수 있게 자극하기보다 슈바르츠만Schwartzman, 린자Leanza 그리고 펠드Feld가 말한 "역사상 가장 거대한 미디어 합병의 물결"을 촉발시켰다.(18) 각자의 사업 지역에서 경쟁할 수 있는 기회를 부여받았음에도, 1984년 엄마 벨Ma Bell로부터 분할된 8개의 지역 베이비 벨Baby Bells은 재합병을 선택했다. SBCSouth-Western Bell Corporation는 1997년에 Pacific Telesis, 1999년에 Ameritech, 2005년에 AT&T그리고 나서 SBC는 상호를 AT&T로 바꾸고 이를 자신들의 브랜드로 내세웠다, 마침내 2006년에 Bell South를 사들였다. 1997년에는 Bell Atlantic과 NYNEX의 합병이 뒤따랐다. 이는 당시 미국 기업 역사상 두 번째로 큰 규모의 기업 합병이었다. 이 합병은 2000년 GTE를 인수한 다음 회사명을 버라이즌으로 바꾸었다. 자유화라는 미명 아래 기존의 베이비 벨들을 수직적으로 통합한 AT&T 버라이즌은 고도로 집중화된 무선 광대역 시장을 창출했다: 이로써 이 두 기업은 미국 내 모바일 무선 가입자의 3분의 2 이상을 차지하게 됐다.(19) 수잔 크로포드Susan Crawford가 지적하듯, "우리는 이제 20세기의 엄마 벨[6] 대

• • •

6 엄마 벨(Ma Bell)은 1984년 미국 통신 시장에 대한 AT&T의 부당한 독점을 해체하려는 미국 법무부의 반독점 소송에서 패소한 후 남은 AT&T 모기업을 지칭하고, 베이비 벨(Babe Bell)은 7개의 지역 전화회사로 분할된 AT&T 사업자들을 지칭. 해체 이후 엄마 벨은 장거리 전화 시장을, 베이비 벨은

신 엄마 셀Ma Cell[7]을 갖게 됐다."(20) 물론 그 둘 모두 상당한 시장 권력을 행사하지만 중요한 차이가 존재한다. 그것은 바로 "엄마 셀"은 엄마 벨 시대에 적용되었던 공중통신 규제로부터 자유롭다는 것이다.

전화 산업처럼 케이블 산업 또한 많은 지역 사업자들을 합병함으로써 소수 거대 기업들의 독차지 무대가 되었다. 이십여 년 동안 이어진 인수합병으로 인해 컴캐스트와 차터가 미국에서 가장 큰 광대역 사업자가 되었다. 이와 함께 이 두 기업은 케이블 인터넷 시장의 3/4 이상 그리고 전체 유선 인터넷 시장의 절반 이상을 차지했다.(21) 고객들이 버라이즌, AT&T 그리고 다른 기성 전화 사업자들이 제공하는 느린 속도의 DSL 서비스에서 보다 빠르고 보다 안정적인 케이블 인터넷으로 갈아타면서 광대역 인터넷 시장에 대한 케이블 기업들의 독점적 시장 지분은 더욱 늘어났다. 그에 따라 전화 산업과 케이블 산업 모두에서의 수평적 통합은 고도로 집중화된 광대역 시장을 야기했고, 그 결과 기업들의 숫자는 감소한

• • •

지역 전화 시장을 맡게 되면서 AT&T의 독점적 시장 지배 구조는 해체되는 듯 보였지만 이들 베이비벨은 지속적인 이합집산을 거듭한 결과 오늘날 미국 통신시장을 지배하는 대형 사업자들이 되었다. - 역자 주

7 여기서 '셀'은 셀룰러 폰 (통신 사업자)을 지칭. - 역자 주

반면 인터넷 서비스 공급에 대한 시장 지배력은 더욱 커졌다.

그럼에도 수평적 합병은 빠른 속도로 진행되었다. 이는 많은 산업 친화적 규제자들이 독점과 아주 잘 양립할 수 있는 속이 텅 빈 "경쟁" 기준을 채택하는 데 일정정도 원인이 있었다. 경쟁은 원칙적으로 기업들 간의 경쟁이라기보다는 케이블, DSL, 무선 등 서로 다른 기술들 사이의 경쟁으로 인식된다. 케이블 광대역 시장에서의 독과점력은 컴캐스트와 차터의 지배가 일시적일 뿐이며 차세대 기술 혁신이 광대역 시장에 새로운 경쟁을 가져올 것이라는 인식의 기초 위에서만 용인된다. 따라서 미래에 경쟁이 있을 수 있다는 이론적 가능성은 현 시점에서 실질적 경쟁의 부족을 인내할 수 있는 근거가 되기 충분하다. 팀 우Tim Wu가 지적하듯, 인터넷 정책에 대한 조지 W. 부시 행정부의 접근법은 "경쟁이란 반드시 어느 정도의 경쟁자들이 있어야 한다는 것을 뜻하는 것이 아니라는 생각을 보이고 있었다."(22)

따라서 인터넷 정책에서 기업 자유주의적 접근은 지배적 인터넷 서비스 사업자들의 시장 권력을 은폐한다. 그럼으로써 이들 기업들이 미국의 커뮤니케이션 인프라에 휘두르는 통제의 문제를 다루는 규범적 질문을 기술적인 문제로 호도한다. 시장 집중은 정치적인 수단들을 – 반트러스트 법령을 통과시키거나 보다 공세적인 소유권을 규제하는 것 등과 같이 – 통해서가 아니라 기술 혁신을 통해 풀릴 수 있는 문제라는 것이다. FCC 의장 아짓 파이Ajit Pai는 "나는 이 모든 기술이 경쟁하길 원하지만, 만약 당신이 이 시장을 시작부터 강하게 규제한다면 당신은 보다 작은 규모의 신규 사업자들이 시장에 진입할 공정한 기회를 얻지 못할 것"이라고 합리화한다.[23]

우리가 뒤에서 보겠지만, 이런 담론 안에는 많은 모순이 있다. 그중 하나로 바로 그 정책 개발자들이 너무나 빈번히 기성 사업자들에게 이익을 가져다주는 방식으로 규제를 제도화하는 자유주의적 포지션에 빠져 있다는 것이다. 그들은 거대기업의 이윤 극대화에 기여하는 규제예를 들면 지적재산권법에 매우 친화적이다. 심지어 규제라는 개념 자체에도 문제가 있다. 망 중립성 폐기가 왜 "탈규제"와 동일시 될 수 있는가? 여러 측면에서 볼 때, 그같은 정책의 변화는 기업 자유주의에 눈높이를 맞춘 – 우리가 방문할 수 있는 사이트들의 종류와 접속 방식을 기업이 마음대로 결정하는 – 사실상 재-규제re-regulation의 한 형식일 뿐이다. 이를 탈규제로 부른다는 것은 완전히 본말이 전도된 말이다.

과점에서
카르텔로

"동일 업종의 사람들이 재미나 기분 전환을 위해 만날 일은 거의 없지만, 그들이 나누는 대화는 대중을 향한 음모나 가격을 인상하기 위한 어떤 담합으로 끝난다." 애덤 스미스Adam Smith가 산업 자본가들 간의 공모와 결탁 관행에 대해 언급한 18세기 후반기의 말이다. 하지만 그 말은 어쩌면 오늘날 통신 산업의 술책을 묘사한 것일 수도 있다.(24) 경쟁적인 인터넷 접속 시장에서 ISPs는 가격을 낮추고 돈을 들여 인프라를 업그레이드하며 기존 고객을 붙잡아두고 신규 고객을 유치하기 위해 자신들의 서비스를 향상시킬 것이다. 컴캐스트, 차터, 버라이즌, AT&T 등은 그렇게 하기보다 지난 20년 동안 광대역 시장을 시장 규제와 정부 감독으로부터 자유로운 사적 지대로 만들기 위해 협력했다.

경제학자 윌리엄 셰퍼드William Shephard에 따르면, 선도적인 4개 기업이 특정 시장을 60% 이상 장악하고 있을 때 "강한 과점tight oligopoly"이 존재한다. 컴캐스트, 차터, 버라이즌 그리고

AT&T는 미국 내 인터넷 가입의 76%를 차지하고 있다**표 1을 보라**.[25] 그럼에도 이들 기업 간의 협업은 광대역 시장을 고도로 집중화되고 과점화된 시장에서 기대할 수 있는 것보다 덜 경쟁적으로 만든다. 실제 컴캐스트, 차터, 버라이즌, AT&T는 상호 협력적으로 광대역 인터넷 시장에 대한 집단적인 지배력을 확고히 하여 경쟁자라기보다 카르텔로 군림했다.[26] 경제학 문헌에서 카르텔은 일반적으로 한 산업 영역 안에서 명목상 서로 무관한 기업들이 생산 및 유통을 조절하기 위해 상호간에 맺는 암묵적 합의를 가리킨다. 19세기 후반 철도산업과 오늘날 석유수출국기구**OPEC** 카르텔처럼, 광대역 카르텔은 생산량 제한을 통해 가격 인상을 주도하고, 카르텔 외부에서 발생할 수 있는 경쟁을 억제하며, 서로 다른 지리적 시장에 대한 카르텔 구성원들 각각의 지배력을 묵인한다.

<표 1> 2018년 2사분기 주요 광대역 ISPs 시장 지분

	인터넷 가입 가구수 단위: 백만	전체 비중
컴캐스트	26.5	27.3
차터	24.6	25.4
AT&T	15.8	16.2
버라이즌	7	7.2
다른 모든 주요 ISPs	23.2	23.9

컴캐스트, 차터, 버라이즌 그리고 AT&T 모두 전국 범위의 유선 광대역 시장에서 상당한 시장 지분을 차지하고 있다. 하지만 그들은 서비스 판매 문제에 관한한 고객을 상대로 서로 경쟁하는 일을 교묘히 피했다. 2014년 컴캐스트가 타임워너Time Warner 인수합병에 실패했을 때 컴캐스트 부사장 데이비드 코헨David Cohen은 인수합병이 경쟁을 감소시킬 것이란 공공의 우려를 잠재우고자 다음과 같이 말했다: "일부의 주장에도 불구하고 컴캐스트와 타임워너는 결코 각자의 사업 영역을 침범하지 않을 것입니다 … 현 케이블 사업도 마찬가지입니다."(27) 바꿔 말하면 타임워너와 컴캐스트의 인수합병이 경쟁을 감소시키지 않을 것이라는 말이다. 왜냐하면 거대 케이블 사업자들 간의 경쟁은 시작부터 이미 서로 몸을 사리고 있었기 때문이다. 컴캐스트와 차터2016년 타임워너를 인수 양사의 사업 영역은 미국 내 2억 1,100만 명을 대상으로 하고 있다. 그러나 양사 간 중첩되는 사업 영역만 놓고 보면 150만 명의 소비자에 불과하다.(28) 실제로 이들 케이블 복점duopoly 체제는 불가침 협정에 합의해 왔다.

광대역 카르텔 구성원들은 또한 이른바 "클러스터링clustering"[8]이라고 불리는 과정을 통해 야기되는 시장 압력에 노

8 특정 산업이 특정 국가나 특정 지역에서 집중적으로 발달하는 과정을 설명하는 경제학 개념. 특정

출되지 않고자 상호 협력한다. 클러스터링은 지역 독점 기업의 통제권 내에 있는 소규모 기업들의 인수를 통해 지역 독점을 창출하고가령 2006년 펜실베니아 소재 아델피아 케이블에 대한 컴캐스트의 부분적 인수, 보다 넓고 지리적으로 인접하면서도 덜 경쟁적인 시장을 획정하기 위해 서로의 고객을 "스와핑swapping"한다. 최고로 악명 높은 클러스터링 물결은 1997년 여름에 발생했다. 그 시기에 주요 케이블 사업자들은 4개 시장을 제외한 모든 시장을 단일 사업자에게 맡기는 고객 스와핑과 파트너십을 맺으려 했다. 레오 힌더리Leo Hindery 전 텔레컴사Telecommunications, Inc. 대표이사는 그 시기를 애정 어린 투로 "사랑의 여름"이라고 불렀다.(29) 보다 최근인 2014년에는 컴캐스트가 남부와 중서부 주의 자사 고객 160만 명을 보스턴, 애틀란타 그리고 캘리포니아 일부에서 뒤늦게 가입한 160만 명의 차터 가입자와 스와핑했다.(30)

최근 몇 년 간 클러스터링은 거대 케이블 기업과 통신사들에게 요긴한 재정적 혜택이었지만, 그들 기업을 제외한 다른 모든 이들에게는 재정적 부담일 뿐이었다. 높은 수준에서 보

• • •

지역이 특정 시장에서 경쟁 우위에 있는 제품을 특화하기 시작하면 생산 규모 수확 체증의 법칙에 따라 해당 지역 기업은 보다 효과적으로 관련 재화를 생산하고 그에 따라 그 인접지역에 강한 연결 관계가 있는 기업들이 입지하면서 클러스터가 형성된다. 이는 클러스터링 과정 내에 치열한 경쟁이 도입된다는 점을 뜻한다. - 역자 주

호받는 클러스터링된 시장에 잠재적인 추가사업자들은 시장 진입을 위해 상당히 힘겨운 시간을 보내야 한다. 거대 케이블과 거대 통신사들을 압박하는 독립적인 추가사업자들의 위협이 없다면, 클러스터링된 시장 내에 거주하는 소비자들은 훨씬 더 높은 인터넷 서비스 요금을 감당하게 된다.(31)

그들 나름대로는 AT&T와 버라이즌의 유선 광대역 시장을 케이블 기업에 대부분 양도했다. 2004년 버라이즌은 미국 전역을 가로지르는 초고속 광섬유 라인 구축을 위해 야심차기는 하지만 대자본이 소요되는 계획에 착수했다. 비록 버라이즌 파이오스FiOS[9]는 케이블 인터넷보다 속도도 빠르고 안정적이지만 2020년 버라이즌은 파이오스 상품을 신도시와 마을에 공급하는 일을 중단한다고 공표했다.(32) 오래된 구리 전화선을 파내어 초고속 광섬유 케이블로 대체하는 일은 막대한 자본 지출을 수반하는 일이었다. 이는 월 스트리트가 반기지 않는 일이었다. 버라이즌과 AT&T는 유선 광대역 시장에서 케이블 기업과 경쟁하는 대신 그들과 협력하기로 결정했다. 2011년 큰 변화가 있었는데, 바로 버라이즌이 컴캐스트와 타임워너로부터 36억 달러를 들여 무선 주파수를 사들인 일이

• • •

9 버라이즌 파이오스는 버라이즌의 통신 상품으로 인터넷과 TV 서비스를 제공한다. - 역자 주

었다. 이러한 복잡한 거래의 일환으로 버라이즌, 타임워너 케이블, 컴캐스트는 각자의 서비스를 교차 판촉 및 판매하기로 합의했다. 심지어 버라이즌이 자신들의 파이오스 상품을 관리하고 있는 동안에도 자신들의 웹사이트에서는 컴캐스트가 "더 빠른 인터넷 서비스를 제공한다"라고 홍보했다.[33] 이 모든 것은 치열한 경쟁자들이 벌인 일이 아니라 시장 권력을 남용하는 카르텔의 의도에서 비롯된 행동이었다.

컴캐스트, 차터, 버라이즌 그리고 AT&T 사이의 광범위한 담합 탓에 미국인들에게는 ISPs를 고를 수 있는 선택권이 거의 없다. FCC가 최근 발간한 "인터넷 접속 서비스" 보고서에 따르면, – FCC 보고서는 지역 광대역 시장에서의 경쟁 수준을 과잉 추산하기로 악명 높다 – 미국인 중 42%는 한 개 혹은 그보다 더 적은 수의 광대역 인터넷 사업자를 통해 인터넷에 접속하고 있다. 소비자들에게 미국 인터넷 시장은 달리 뾰족한 수가 없는 시장이다. 소비자들은 자신이 이용하는 인터넷 회사가 만족스럽지 않더라도 "지갑 속 돈을 쓸지 말지를 선택"을 할 수 없다. 그런 시장에 붙잡혀 있지 않는 나머지 인터넷 이용자들도 대부분 기껏해야 두 개 중 하나를 고를 수 있을 뿐이다. 하나는 케이블 회사, 다른 하나는 전화회사 말이다.[34]

만약 FCC가 사업자들의 광대역 속도 기준치를 초당 25Mbps에서 100Mbps로 올리자는 민주당 지명 이사 제시카 로즌워셀Jessica Rosenworcel의 제안을 수용했다면, 미국 내 가구 중 15%만이 복수의 업체로부터 인터넷 접속 서비스를 결정할 수 있었을 것이다. 25Mbps는 데이터를 더 많이 잡아먹는 애플리케이션이 사용될 가까운 미래의 대역폭은 커녕 현 수준의 데이터 이용량을 유지하기에도 버겁다. 가령 넷플릭스의 HD 스트리밍 하나만 가지고도 25Mbps를 모두 잡아먹는다. 이 정도 속도로는 인터넷 이용자들이 자신들의 네트워크에 많은 디지털 장치들을 연결할 때 스트리밍 부하를 견뎌내지 못한다. 2017년 퓨 리서치 센터Pew Research Center 연구에 따르면, 미국 가정마다 평균 5개의 디지털 기기를 홈 네트워크에 연결해서 사용하고, 그 중 18%는 10개 이상의 기기를 연결해 쓰고 있었다. 여기에는 컴퓨터, 스마트폰, 게임기, 태블릿PC, 로쿠Roku 같은 스트리밍 미디어 플레이어 그리고 스마트 홈 테크놀로지가 포함된다.[35]

망 중립성은 과점의 문제

광대역 인터넷 시장은 소비자 기대에는 야박한 반면 카르텔 기업들에게는 후한 대접을 했다. 대부분의 미국인들은 다른 나라의 인터넷 사업자들에 비해 더 느린 속도의 서비스를 제공하는 ISPs에게 지나치게 많은 돈을 지불한다. 전국 평균 광대역 인터넷 이용료는 월 61달러 7센트이다.(36) 스웨덴이나 노르웨이의 100Mbps 인터넷 서비스는 미국보다 속도는 더 빠르고 가격은 10달러에서 20달러 미만에 불과하다.(37) 대한민국, 일본, 싱가포르 그리고 홍콩에서는 월 30달러에서 50달러면 1Gbps 인터넷을 이용할 수 있다.(38)

일부에서는 미국인들이 인터넷 서비스에 많은 돈을 지불하는 이유가 널리 흩어져 살아가는 미국 인구의 지정학적 특성 때문이라고 주장한다. 그러나 인터넷 접속 비용이 높은 것은 미국 내에서 인구가 밀집된 도시 지역에서도 마찬가지다. 25에서 50Mbps 속도의 인터넷 월 평균 이용료는 뉴욕 64달러 95센트, 워싱턴 DC 66달러 66센트, 로스엔젤레스 69달러

98센트이다이 수치는 명목 외에 숨겨진 요금은 물론 청구서 상에 교묘하게 책정된 추가요금도 제외한 순수 이용료만 반영한 것이기 때문에 이것만 봐도 미국인들이 광대역 인터넷에 얼마나 많은 돈을 쓰는지 잘 알 수 있다. 반면, 25에서 50Mbps 속도의 인터넷 접속 요금이 런던은 24달러 77센트, 파리는 35달러 50센트, 도쿄는 39달러 48센트이다.(39) 실제로 광대역 인터넷 접속 요금은 멕시코를 제외하면 다른 어떤 경제협력개발기구OECD 가입국들에 비해 미국이 더 높다.(40) OECD 가입국들의 공통점은 오픈 액세스를 일정 정도로 채택하고 있다는 것이다. 미국만이 예외적으로 그렇지 않다. 놀랍게도 미국과 달리, 유럽연합은 2001년부터 기존 사업자들로 하여금 자신들의 네트워크 인프라를 경쟁사업자들과 공유하도록 강제하여 상당한 인터넷 요금 억제 효과를 거두었다.(41) 유럽연합에 속해 있지 않은 다른 OECD 가입국들 또한 마찬가지로 오픈 액세스 정책을 채택하고 있었다.

미국 소비자들이 인터넷 접속에 지불하는 이러한 추가 비용은 컴캐스트, 버라이즌 그리고 월 스트리트로 고스란히 유입된다. 시장 경쟁이나 정부의 강력한 가격 규제를 촉진하는 강고한 정책의 부재로, 광대역 카르텔은 "독점적 임대," 그러니까 경쟁시장 상황에서 용인할 수 있는 수준을 훨씬 상회하는 초과수익을 고객들로부터 강제할 수 있었다. 망 중립성을 없애버리길 원하는 광대역 카르텔의 바람은 독점적 임대 사업의 또 다른 자원을 포획하려는 노력으로 이어진다: 그것은 바로 특정 사업자에게 인터넷 트래픽 상의 특혜를 베푸는 것이다. 이 경우 ISPs는 인터넷 이용자와 콘텐츠 사업자 모두를 압박해 더 많은 돈을 벌 수 있다.

높은 가격과 낮은 속도, 그리고 고속과 저속으로 차등화된 인터넷 트래픽은 전적으로 광대역 카르텔이라는 거대한 시장 권력이 낳은 결과물이다. 경쟁으로부터 그리고 정부로부터도 아무런 제약을 받지 않은 이 카르텔은 인터넷 이용자와 온라인 콘텐츠 사업자들에게 막대한 영향력을 행사할 수 있고, 마음만 먹으면 언제든 행사할 수 있다. 2013년 버라이즌 대 FCC 소송Verizon v. FCC의 구두 변론 중에 수석 판사는 버라이즌 측 변호사 헬기 워커Helgi Walker에게 버라이즌이 자사에 우호적인 일부 서비스나 콘텐츠 그리고 웹사이트를 우대했는지를 물었다. 워커는 "저는 의뢰인으로부터 대신 발언권을 받았지만 그런 방식이 있는지에 대해서는 알아 보겠습니다"라고 답했을 뿐이다.(42)

망 중립성이 없어도 ISPs가 고품질의 넷플릭스 또는 훌루 비디오 스트리밍 또는 페이스북 같은 소셜 미디어 플랫폼 이용자들에게 요금을 부과하는 일은 지금도 법적으로 가능하다. ISPs가 웹사이트에 터무니없는 요금을 물리는 일은 더 확대될 것이다. 망 중립성이 사라진 "유료" 디지털 환경에서는 – 최소한 고속 회선에 기꺼이 비용을 지불할 능력과 의향이 있는 – 특정 웹사이트나 서비스에 적용되는 '지불 우선권paid prioritization'[10]이 팽배해질 것이다. 하지만 그 비용 중 일부는 결국 인터넷 이용자들에게 전가될 것이다. 인터넷 이용자들은 ISPs에게 두 번 비용을 지불하는 셈이다. 한 번은 월 인터넷 구독료를 직접적으로 지불하는 것이고, 다른 한 번은 이용자들이 콘텐츠를 이용할 때 고가의 요금을 부과하는 웹사이트들 때문에 다시 한 번 간접적으로 돈을 지불하는 것이다. 그렇게 지불한 돈은 결국 ISPs의 호주머니로 들어간다.

인터넷 콘텐츠와 애플리케이션 시장에 대한 광대역 카르텔의 수직적 통합은 ISPs로 하여금 트래픽 차별에 더 적극적이도록 자극했다. 컴캐스트는 NBC유니버셜NBCUniversal과 드림웍스 픽쳐스DreamWorks Pictures를 소유하고 온라인 콘텐츠 기업 복스 미디어Vox Media와 버즈피드BuzzFeed에 막대한 자금을 투자하고 있고, 버라이즌은 야후!와 AOL, 텀블러Tumblr 그리고 허핑턴 포스트Huffington Post를 가지고 있으며, AT&T는 HBO, 워너

10 ISPs가 요구하는 비용을 지불하는 콘텐츠 사업자에게 배타적으로 이용할 수 있는 전용 인터넷 선을 제공하는 서비스 방식. - 역자 주

브러더스Warner Bros, 그리고 디렉티비DirectTV를 소유하고 있으며 훌루의 주식을 보유하고 있다. 이는 심각한 이해관계 상충이라는 문제를 낳았다. 이들 미디어 제국들은 데이터, 정보 그리고 콘텐츠의 통로로 기능함과 동시에 자신들의 시장 영역에서 유통되는 바로 그 콘텐츠 대부분을 소유하고 있다. 광대역 카르텔은 인터넷 트래픽 속도를 낮춤으로써 콘텐츠를 생산하는 경쟁자들을 무너뜨릴 수 있는 모든 재정적 동기를 갖추고 있다.

광대역 낙수효과

빌 클린턴에서부터 아짓 파이에 이르기까지 지난 25년 동안 미국 인터넷 정책을 이끈 것은 자유 시장, 민간 부문의 혁신 그리고 "가벼운 터치"의 정부 규제가 우리 미국을 아날로그적 과거에서 하이테크와 끊김없는 미래 디지털 시대로 인도해 줄 것이란 믿음이었다. 물론 미국의 이같은 기질은 인터넷 정책 영역에서만 유별난 것은 아니다. 그 믿음은 이같은 논쟁을 끌어당기는 보다 광범위한 이데올로기적인 환경으로부터 태동한 것이다. 실제로 인터넷 정책에 대한 이같은 접근은 신자유주의 프레임과 잘 어울리며 1980년대 로널드 레이건과 그의 자문관 아서 래퍼Arthur Laffer가 신봉한 "낙수효과tickle-down" 경제이론을 떠올리게 한다. 레이건 정부는 낙수효과 경제이론을 가지고 최종적으로는 1% 소수만이 누릴 수 있는 경제적 이득의 토대가 되는 온갖 종류의 법령을 정당화했다.

망 중립성에 대한 우리 시대의 적의는 이와 마찬가지로 인터넷 서비스가 줄 수 있는 커다란 복지에서 공익이 감소되는 것을 전제로 하는 것이다. 기업 자유주의 패러다임 안에서 망 중립성은 광대역 사업과 기술 혁신에 있어서 기업 투자의 장벽으로 간주된다. 이런 주장은 공익이 결국 광대역 카르텔로 하여금 오픈 액세스를 차등적인 유료 서비스 체제로 전환하는 것을 허용했을 때 더 개선될 수 있다는 것을 암시한다. 망 중립성 반대 논리에 따르면, 중립적이지 않은 인터넷에서 거둬들이는 인터넷 서비스 사업자들의 수익은 인터넷 이용자들에게 "낙수효과"를 미칠 수 있다. ISPs가 자발적으로 서비스 요금을 낮추고 네트워크 인프라 개선에 투자할 것이라는 게 그들의 논리이다.

그러나 광대역 인터넷에서 낙수효과 이론의 논리는 냉혹한 비판을 면하기 어렵다. 광대역 카르텔은 시설 투자를 위한 충분한 자본을 갖고 있다. 더구나 카르텔 멤버들은 수 십 년 동안 독점적 수익을 거둬왔으며, 그들이 번 돈은 필수 인프라를 개선하는 데 드는 충분한 자본 규모를 넘어선다. 실제 전문가들은 미국의 주요 ISPs가 고속 인터넷 서비스를 통해 고수익의 이윤을 창출하여 그 이윤이 연간 80%를 상회하는 것으로 추산한다.(43)

이러한 독점적 수익은 다음 세대의 광대역 인프라를 위한 지출로 이어지지 않았다: 현재 미국과 유럽의 통신 네트워크에 대한 자본투자는 상대적으로 비슷한 수준이다.(44) 그에 반해 미국의 광대역 카르텔은 그 보조금을 기업의 임원들과 월가의 거대 기관 투자자들의 호주머니를 불려주는 데 이용하고 있다. 2017년 차터는 자신들의 주식 가치를 의도적으로 띄우기 위한 자사주 매입에 132억 달러를 썼다.(45) 그 해 컴캐스트 또한 50억 달러에 달하는 연간 배당금을 올린 것 외에도 자사주 매입에 50억 달러를 썼다.(46)

미국의 인터넷 인프라는 악화되고 있다. 그 이유는 거대 ISPs가 인터넷 설비에 투자하지 않고 부만 축적하려 하기 때문이지, 망 중립성 같은 공익적 규제가 주는 부담을 떠안고 있기 때문이 아니다. 사실 독과점적 시장에서 망 중립성을 철회하는 것은 ISPs가 망 설비 개선에 투자하지 않도록 하는 왜곡된 동기를 부여한다. 지불 우선권은 인터넷 서비스 사업자들로 하여금 자신들의 망을 현대화하고 나날이 늘어가는 광대역 수요를 충족시키도록 하기보다 부족한 광대역 서비스를 개선하지 않은 채 그저 기존의 노후한 인프라만으로 돈을 벌 수 있게 해준다.

망 중립성이 광대역 서비스 투자를 저해시킬 것이라는 점이 사실이라 해도 그것은 여전히 쟁취할 만한 가치가 있는 원칙이다. 다음 장에서 논의하는 것처럼, 망 중립성은 광대역 카르텔의 투자 결정의 문제가 아니라 민주주의의 실천과 운동에 의해 승패가 갈려질 수 있는 디지털 시대 민주주의의 초석에 관한 문제이다.

3

망 중립성 운동의 조직

DIGITAL NEW DEAL

팀 우Tim Wu가 망 중립성 용어를 고안해 냈을 때 그 개념은 충분히 무르익은 정치적 요구였다기보다 인터넷 트래픽 관리를 위한 제안이었다. 하지만 그 개념은 대단히 유감스럽게도 오픈 인터넷 운동가들이 내치기 힘든 용어였다. 조슈아 브레이트바트Joshua Breitbart는 2006년 "기업의 공격으로부터 인터넷을 보호하기 위해 노력하는 진보주의자들이 사람들을 '망 중립성'의 기치 아래 결집시키는 데 몰두한 나머지 자기 발등을 찍었다"고 개탄했다. 사람들이 중립성에 들뜨게 될 것이라고 생각했던 건 민주당 지지자들뿐 이었다. '중립적'이란 말의 반대는 무엇일까? "비중립…당파적…한 쪽으로 편향된…

?" 자유주의 성향의 블로그 허핑턴포스트 공동 창립자 아리아나 허핑턴Arianna Huffington은 중립성이란 용어가 "죽은 자식 불알 만지기marketing death"와 비슷해서 그 아이디어는 어떻게든 재브랜드화될 필요가 있다고 피력했다.(1) 2000년대 중반 오픈 인터넷의 운명에 대해 우려하던 사람들에게 "망 중립성"은 단지 인터넷 기술자들이나 앞뒤가 꽉 막힌 정책 당국자들이 좋아할 마취제 같은 용어였다.

그 용어를 둘러싼 이런 불안감은 보다 본질적인 우려를 향해 있었다 : 망 중립성이 한편으로는 소수의 급진적인 기술자들과 미디어 행동가들, 다른 한편으로는 통신과 케이블 산업으로부터 돈을 받고 일하는 한 무리의 근사해 보이는 로비스트들 사이에 신비로운 기술적 논쟁으로 끝나 버릴 것이라는 점 말이다. 이런 우려는 적어도 초기에는 충분한 근거가 있었다. 2006년 조사 결과에 따르면, 망 중립성에 관해 들어본 미국인은 겨우 7%에 불과했다.(2)

하지만 그 다음 10년 수백만 미국인들은 망 중립성의 대의 앞에 결집했다. 망 중립성을 향한 대중의 지지가 광범위하게 확산되면서 정책 당국자들과 워싱턴의 이해관계자들은 대중의 간섭 없이도 인터넷의 미래에 관한 중요한 결정을 내릴 수 있던 때를 그리워하게 됐다. 이에 관한 하나의 모범적인 보고서가 2015년 업계가 주축이 된 '정보기술혁신재단ITIF'에 의해 출간됐다. 보고서를 쓴 저자들은 "기술 정책이 정부 당국자들, 법률 위원회, 싱크탱크 그리고 비즈니스 업계 공동체들이 참여하는 '내부자 야구' 게임이던 시절이 있었다"라고 아쉬워하며 회고했다. 정책 엘리트들에게 합리적 공공 정책은 대중the demos이 부재할 때만 존재할 수 있는 것이었다. 그러나 지금은 망 중립성과 SOPA/PIPAStop Online Piracy Act/Protect Intellectual Property Act 같은 정책 이슈에 대해 광범위한 대중적 동원이 있기 때문에 그 야만적 바람은 이제 속담에서나 찾아볼 수 있을 뿐이다: "지금 시대의 기술 정책 논쟁은 분노하고 대중주의적 분출에 의해 형성되는 경향이 더해가고 있다."(3)

최근 15년 동안 망 중립성은 공공 의제에서 때때로 주변적인 이슈였다. 비교적 꽤나 조용했던 이 시기 동안 ISPs, 거대 인터넷 회사들, 로비 집단, 노동조합 그리고 이익집단 등을 포함해 논쟁의 양편에 서 있는 힘 있는 행위자들은 정책 결정자들에게 영향력을 행사하는 현장의 막후에서 기민하게 행동했다. 그 시기는 대체로 망 중립성에 대한 기업 반대론자들에게 유리했는데, 그들은 공적인 관점 바깥에서 그 사안을 다루고 싶어 했다. 하지만 망 중립성 전쟁을 통틀어 공익과 행동주의를 고조시키는 - 대체로 FCC의 결정을 예측하거나 그에 대해 대응하는 식으로 – 수많은 일촉즉발의 순간들도 있었다.

이 장은 망 중립성 행동주의의 주요 국면을 네 시기로 나누어 검토한다 : 2006년 망 중립성 개념이 등장하여 대중적인 동원이 이루어진 초기 국면, 2010년 구글과 버라이즌의 망 중립성 협상에서부터 이어진 파생 국면, 2014년 연방항소법원에 의해 망 중립성 규칙이 철회된[1] 후의 행동주의 국면, 그리고 도널드 트럼프Donald Trump 당선의 여파 속에서 망 중립성을 폐기한 FCC의 결정에 대해 반발하던 국면. 우리는 특히 행동주의자들이 제도 엘리트들의 좁은 울타리에서 이루어졌던 – 공식적인 정부의 정책 결정체들, 기업들 그리고 싱크 탱크들을 포함하는 – 망 중립성 논쟁을 끝장내고, 그 이슈를 대중 민주주의적 정치 행위의 대상으로 재편한 방식에 주목하고자 한다. 망 중립성 행동주의는 보다 공정하고 공평한 정책적 산물에 관한 것일 뿐만 아니라 정책 과정 그 자체를 민주화하는 것이기도 했다.

• • •

1 미 연방항소법원은 2014년 1월 14일 버라이즌이 2011년 FCC를 상대로 낸 소송에서 인터넷에 망중립성 원칙을 적용한 FCC 규제가 법적 효력이 없다고 판결하였다. - 역자 주

어색한
동반자들

망 중립성은 오픈 액세스 운동이 몰락하던 와중에 태동했다. 2005년 연방대법원의 브랜드 엑스Brand X[2] 사건 판결이 있은 지 불과 몇 달이 채 지나지 않아 오픈 액세스 운동이 쇠락의 조짐을 보였다. SBCSouthwestern Bell Corporation의 최고경영자 에드 와이타크레Ed Whitacre는 구글이나 야후 같은 인터넷 기업들이 그들의 콘텐츠를 SBC 가입자 가정에 공급하기 위해 별도의 비용을 지불할 것으로 기대한다는 의견을 넌지시 비쳤다: "그들이 원하는 건 내 파이프를 공짜로 이용하려는 것이지만 나는 그들이 그렇게 하도록 내버려 두지 않을 것입니다. 우리는 네트워크에 많은 자금을 투자했기 때문에 비용을 회수해야 합니다."(4) 와이타크레의 뻔뻔한 입장 발표는 미디어 활동가들에게 최악의 상황이었다: ISPs가 차등화된 유료 인터넷을 만들 계획을 품고 있었기 때문이다. 이는 ISPs가 자신들의 인

• • •

2 2005년 6월 27일의 미 대법원은 케이블사업자들이 광대역 인터넷 접속을 경쟁사업자들에게 제공해야 할 법적 의무가 없다고 판결. 이는 FCC가 케이블 사업자에게 공중통신 의무를 부과하지 않는 것이 합법적이라고 본 판결이다. - 역자 주

터넷 가입자와 콘텐츠 사업자들이 서로 연결하는 데 있어 양측 모두에게 요금을 부과하는 "더블 딥"[3]을 가하겠다는 최초의 대중적 시도였다. 이는 많은 정치인들과 미디어 활동가들이 광대역망 카르텔에 고삐를 죄고자 하는 노력을 배가시키는데 결정적인 역할을 했다. 2006년 3월 오리건 상원의원 론 와이든Ron Wyden에 의해 '인터넷의 자유와 비차별 법the Internet Freedom and Non-discrimination Act, S 2360'이 발의되면서 상하원 모두 망 중립성 법안을 발의했다. 공화당 의원들과 비교적 통신업계에 우호적인 민주당원들에 의해 그보다 약한 법안, 즉 '커뮤니케이션 기회 촉진과 고도화법the Communications Opportunity Promotion and Enhancement Act'으로 널리 알려진 법안 또한 의회에서 통과되려던 참이었다.

망 중립성 운동이 급성장한 배후 동력은 언론학자 로버트 맥체스티Robert W. McChesney, 진보적 언론인 존 니콜스John Nichols 그리고 베테랑 활동가로서 초대 의장이자 조직 대표를 지낸 조쉬 실버Josh Silver가 미디어 개혁을 위해 2003년 설립한 '자유 언론Free Press'이었다.(5) '자유 언론'은 망 중립성 보호를 위한 시민사회 연대의 중심 조직체로서 800여 개에 이르는 망 중립성

•••

3 퇴역 공무원이 연금과 급여를 이중으로 받는 것을 일컫는 용어. - 역자 주

지지 집단들로 구성되었다. 이 단체는 정치적으로 다양한 좌-우파 세력들을 규합하고자 공세적으로 싸웠다. 그 안에는 '무브온MoveOn.org', '페미니스트 다수주의Feminist Majority', '미국시민자유연합the American Civil Liberties Union' 같은 자유주의 단체들은 물론, '미국기독교연합Christian Coalition of America', '미국재향군인회American Patriot Legion', 심지어 '미국총기소유자협회Gun Owners of America' 같은 보수단체들도 있었다.

그 단체들은 망 중립성을 표현의 자유 이슈로 틀 짓는 경향이 있었는데, 이는 ISPs가 온라인 공론장의 감시자로 활동하지 못하게 하기 위한 방편이었다. "인터넷 자유"는 그 당시 막 생겨난 운동을 결집시키기 위한 목소리였다. '무브온'은 회원들에게 "의회가 AT&T 같은 기업들에게 시민의 인터넷 활용을 통제할 권한을 부여하는 법안을 밀어붙이면서 인터넷 자유가 공격받고 있다"고 경고했다.(6) 정치적 스펙트럼 상 정반대에 있던 '미국기독교연합' 의장 로버트 콤스Roberts Combs는 다음과 같은 수사적인 질문을 던졌다 : "낙태를 찬성하는pro-choice 이사들이 포진한 케이블 기업이 초고속 인터넷을 활용해 낙태 반대pro-life 운동을 전개하는 반대파 조직에 반하는 결정을 내리면 어떻게 되겠는가?" 그 새로운 규칙들 아래에서 그들은 낙태 반대 운동 웹사이트의 속도를 느리게 하여 낙태 반

대론자들간의 소통 역량을 손상시킬 수 있을 것이다. 그것도 합법적으로 말이다."(7)

'세이브 더 인터넷Save the Internet' 연합에는 구글, 아마존, 이베이 같은 거대 인터넷 기업들도 포함되어 있었다. '세이브 더 인터넷' 연합에 참여하고 있는 다수의 공익 조직들과는 대조적으로, 구글 같은 기업들은 혁신과 기업가 정신을 가로막는 ISPs들의 힘에 주안점을 두었다. 그들에게 있어 민주적인 표현권에 대한 ISPs들의 위협은 대체로 부차적인 관심일 뿐이었다. 이들 기업들은 연합 내 파트너들이 주장하는 표현의 자유 레토릭을 껴안고는 있었지만, 망 중립성을 지지하는 그들의 주된 동기는 여러모로 ISPs 만큼이나 이기적일 따름이었다. 다른 점이 있다면 구글과 아마존 같은 기업들은 컴캐스트나 AT&T와 달리 처음부터 많은 망 중립성 지지자들에게 꽤나 선한 – 심지어 호의적인 – 행위자로 인식됐다는 점이다.

'세이브 더 인터넷' 연합의 기업-활동가 동맹은 망 중립성에서 거대 인터넷 기업의 재정적 이해관계가 공익과 폭넓게 조화를 이루고 있다는 암묵적 합의가 있었기 때문에 가능했다. 일부 선도적인 활동가들은 망 중립성을 잃는 것이 어떻게 구글이나 이베이 등이 온라인 사업에서 공정한 기회를 가지지 못하게 만드는지를 강조함으로써 연합 내 다양한 구성원들을 – 업계 파트너들을 포함해 – 설득시켰다.(8) 이렇게 망 중립성 전쟁의 초기 단계에서 활동가들이 비즈니스 친화적 언어로 발언하고, 한두 곳 업계 거인들을 그들 편으로 삼는 일은 정치적으로 꽤나 이득인 것처럼 보였다. 물론 구글 같은 거대 기업이 '세이브 더 인터넷'에 직접적으로 자금을 대지는 않았지만 연합에 참여함으로써 풀뿌리 연합 파트너들에게 어느 정도의 정치적 정당성을 제공했다.

불과 몇 달이 지나지 않아 망 중립성 활동가들은 망 중립성을 난해하고 기술관료적 논쟁에서 광범위하면서도 심지어 포퓰리즘적 호소력마저 지닌 어떤 대의로 바꿔내기 시작했다. 포퓰리즘은 공동의 적, 그러니까 이 경우는 대체로 상업적인 ISPs와 수도 워싱턴에서 온갖 수단을 다 동원하는 정치인들에 대척되는 "국민"이라는 이항 대립을 강조함으로써 다양한 집단을 하나로 규합했다.(9) 2006년 초기 망 중립성 행동주의 단계에서 유행한 망 중립성에 대한 포퓰리즘적 이해는 망 중립성 논쟁에 연관된 기술적 세부사항이 아니라 ISPs와 디지털 공중digital public – 보통의 인터넷 이용자들뿐만 아니라 구글 같은 기업까지 포함하는 – 사이의 본질적인 적대관계에 초점이 맞춰져 있었다. 가령 2006년 12월 '세이브 더 인터넷'은 독립기념일Independence Day이라는 제목의 4분짜리 바이럴 동영상을

'세이브 더 인터넷'의 2006년 영상 독립기념일. 미국의 3개 거대 ISPs가 미 국회의사당 건물을 공격하고 있다. (사진 제공: Free Press.)

유튜브에 발표했다. 해설자는 망 중립성을 포퓰리즘 편에 있는 "모든 사람"을 위한 일종의 방어막라고 정의한다. "그것이 … 일상의 시민이든 거인 기업이든 : 모든 사람들의 웹사이트는 동일한 속도와 품질을 누려야 합니다. 그게 바로 망 중립성입니다." 비디오의 뒷부분에서는 해설자가 ISPs들이 어떻게 망 중립성을 끌어내리려 획책하는지 설명하는 가운데, 컴캐스트, 버라이즌, 그리고 AT&T 기업 로고가 적힌 비행접시들이

스크린 곳곳을 날라 다니면서 미국 국회의사당 건물에 레이저빔을 쏘고, 그런 후 다양한 종류의 국가 법령들을 향해 달려든다. 이들 ISPs는 미국 민주주의의 적으로 묘사될 뿐만 아니라 정치적 통일체의 외부자로 – 문자 그대로 외계인으로 – 묘사된다.(10)

아마도 2006년 망 중립성 논쟁에서 가장 중요한 전환점을 꼽으라면 어느 누구보다 인터넷 정책에 많은 영향을 끼친 상원 통상과학교통위원회 의장이자 발끈하기 좋아하고 변덕스러운 알래스카 주 상원의원 테드 스티븐스Ted Stevens의 어이없는 실수일 것이다. 2006년 스티븐스는 상원에서 망 중립성에 반대하는 장황하고 두서없는 11분짜리 연설을 한 바 있다: "저는 얼마 전 금요일 아침 10시에 제 직원이 보낸 인터넷을 받았는데, 그게 어제였습니다! 왜 이런거죠?!" 스티븐스는 횡설수설하는 중간 중간에 요즘에는 한물간 인터넷에 대한 메타포를 힘주어 강조했다: "인터넷은 당신이 뭘 쌓아두는 곳이 아닙니다. 그것은 거대한 트럭이 아니에요. 그것은, 그러니까 그것은 쭉 이어진 관tubes입니다!"(11)

인터넷이 "쭉 이어진 관"series of tubes이라는 그의 표현은 망 중립성 지지자나 이를 풍자하는 이들 모두에게 선물이나 마찬가지였다. 상원의원의 실수가 있은 지 불과 며칠 만에 수백만 시민들은 망 중립성의 공적 편익을 학습할 수 있었다. 그의 논평에 대한 오디오 클립이 블로그 공간 도처에서 튀어나왔고 스티븐스는 가차없이 조롱거리가 되었다. 기업가 마인드를 갖춘 어떤 인터넷 이용자는 스티븐스의 연설을 3분짜리 테크노 뮤직비디오에 리믹스해서 유튜브에 게재했다. 더 데일리쇼The Daily Show의 존 스튜어트John Stewart는 스티븐스의 "쭉 이어진 관"이라는 말을 "당신이 듣고 있는 것은 말이지 상원 통상위원회 의장이 아니라 새벽 3시 공항 바에 죽치고 앉아 있는 어느 미친 노인네가 지껄이는 소리"라면서 비꼬았다.[12]

테드 스티븐스를 향한 비난조의 블로그 게시물, 비디오 리믹스, 밈, 그리고 여타 패러디들이 반향을 일으킨 이유는 그것이 망 중립성을 위한 설득력 있고 합리적인 주장을 대변했기 때문이 아니라 미국 정치에 깊게 뿌리내린 어떤 진실을 드러내보였기 때문이다. 즉 정책은 이슈를 가장 잘 아는 사람들이 아니라 기업 권력을 위해 기꺼이 봉사하려는 이들이 만든다는 사실 말이다실제 스티븐스 의원의 2008년 재선 캠페인에서 버라이즌은 첫 번째로, AT&T는 세 번째로 가장 많이 후원한 기업이었다.[13] 상원에서 스티븐스 의원의 이런 우스꽝스러운 행보는 인터넷에 떠도는 풍자적 묘사와 결합하여 반대 진영이 갖고 있는 모종의 가식도 지워버렸다. 피터 달그렌Peter Dahlgren이 주장하듯, 이런 종류의 유머러스한 해설들은

"계략을 폭로해 버리고, 모순을 만천하에 드러내며, 일반적으로 공식적인 정치 담론의 권위에 도전하는 일을 해낸다."(14)

거인들의 상호협력

결과적으로 2006년 제안된 망 중립성 법률 중 어느 것도 입법화되지 못했다. 그러나 이러한 행동주의의 초기 물결은 망 중립성을 존재감 없는 무명 상태에서 국가적인 조명을 받는 것으로 끌어올렸다. 정치인들은 그 이슈에 대해 공식적인 입장을 취할 수밖에 없었다. 2006년 망 중립성 행동주의가 고조되던 당시 상원의원 버락 오바마B. Obama는 팟캐스트를 통해 망 중립성을 지지한다고 공표했다: "우리는 복점duopoly 기업들이 인터넷의 미래를 좌지우지하는 상황을 좌시할 수 없습니다. 그게 제가 망 중립성이라 불리는 것을 지지하는 이유입니다."(15) 이듬해 대통령 선거 운동 중 오바마는 구글 사옥 앞에서 군중들을 향해 "저는 망 중립성에 관한 약속에 관해서라면

어느 누구에게도 뒤지지 않을 것"이라고 말했다.(16)

버락 오바마는 2009년 망 중립성 구현을 바라는 대중들의 강력한 요구와 함께 대통령에 취임했다. 그러나 오바마 행정부 초반기는 대체로 시간만 낭비했다. 왜냐하면 대통령의 야심찬 선거운동 수사는 강력한 망 중립성 정책으로 실현되지는 못했기 때문이다. FCC 신임 의장 줄리어스 제너카우스키Julius Genachowski는 망 중립성 이슈를 아주 소심하게 처리했다. 2010년 6월 그는 ISPs의 반대를 뚫고 망 중립성 법안을 통과시키는 대신 거대 인터넷 기업들과의 밀실 협상을 중재하려 했다. 그 협상은 각 이해당사자들이 서로 양해 가능한 것이었다. 하지만 그 과정은 2010년 8월 초 수포로 돌아갔다. 망 중립성 이슈의 최대 적이자 표면적으로는 그 논쟁의 양측을 대변하는 구글과 버라이즌이 FCC를 무시하고 망 중립성 진전을 위한 "법적 틀"에 합의했다고 일방적으로 선언했기 때문이다. 구글과 버라이즌의 제안은 유선 광대역 인터넷 산업에 대한 FCC의 규제 권한을 상당 부분 해체하는 것이자 무선 인터넷 사업자들의 망 중립성 준수 의무를 폐기하는 결점 투성이 누더기 법안이었다.

구글과 버라이즌 간의 협약은 기업 자유주의 패러다임의 전범典範이었다. 미국 내 가장 큰 기술 기업 두 곳이 FCC로 하여금 그들이 어떻게 규제되고 싶어 하는지를 발언하고 있었기 때문이다. 이들의 제안은 버라이즌과 여타 무선 인터넷 사업자들에게 투명성만 담보한다면 이용자들의 인터넷 트래픽을 조절할 수 있도록 하는 권리를 기업에 부여하는 것이었다. 다른 한편으로 구글 또한 그 협상에서 이득을 보고자 했다. 구글은 당시로서는 거의 알려져 있지 않았던 모바일 운영 시스템 안드로이드Android를 모바일 세계의 핵심 플레이어로 만들고자 했다. 전년도에 구글은 버라이즌과 안드로이드 운영시스템을 버라이즌 스마트폰에 장착한다는 협정을 맺었다. 2010년 그 합의의 목표는 버라이즌을 구글의 새로운 사업 파트너로 굳건히 함으로써 안드로이드 적용 범위를 보다 더 확장하기 위해 다른 무선 사업자들의 호응을 이끌어내는 것이었다. 비록 구글-버라이즌 사이의 협약이 법률적 효력을 갖지는 않았지만, 그럼에도 그 협약은 2010년 FCC의 '개방형 인터넷 질서Open Internet Order'의 초석이 되었다. 구글과 버라이즌의 연합 로비의 결과 무선 사업자들은 그 질서가 부과한 의무에서 대부분 면책되었다.

그 합의 공포에 대한 기존의 '세이브 더 인터넷' 연합 내 구글 동맹들이 보인 대응은 신속하고도 강력했다. '세이브 더 인터넷' 연합은 그 합의를 비판하는 공동 보도 자료를 지체없

이 발표했다: "구글과 버라이즌의 협약은 우리가 두려워했던 만큼 나쁜게 아니라 그보다 훨씬 더 나쁜 것이다. 그들은 인터넷을 보호한다고 주장하면서 인터넷을 공격하고 있다. 구글 이용자들은 속지 않을 것이다"(17) 브리티시 석유British Petroleum의 딥워터 호라이즌호The Deepwater Horizon가 기름 유출 사고로 수백만 갤런의 기름을 멕시코 만에 흘린 것과 같이, '자유언론' 선임 자문가 마빈 아모리Marvin Ammori는 "우리는 그러한 사고 방식을 구글에 똑같이 적용해야 한다. 하루 밤 사이에 '악해지지 말자Don't Be Evil'에서 '브리티시 석유보다 더 탐욕스럽게Greedier than BP'로 탈바꿈하는 것은 꽤나 인상적인 수법"이라고 논평했다.(18)

발표 후 채 24시간도 되지 않아 분노한 시위대들이 8월 13일 캘리포니아 마운틴 뷰에 있는 구글 본사에 평화로운 방식으로 집결했다. 시민권 기구 '변화의 컬러Color of Change' 공동 설립자 제임스 러커James Rucker는 구글 건물에 들어가서 망 중립성에 대한 구글의 행보를 비난하는 30만 명의 서명록을 전달했다. 구글 본사 단지 외부에서 시위자들은 "그 가격이 옳다면 구글은 악마다", "인터넷 부당거래 금지" 같은 글이 적힌 피켓 시위를 진행했다. 항의 이벤트에서 극 연출을 선보인 '성난 할

캘리포니아 마운틴 뷰의 구글 본사 외부에서 시위를 벌이고 있는 성난 할머니들 구성원들. (사진 제공 Steve Rhodes).

머니들Raging Grannies'[4] 활동가들은 "인터넷을 위한 군가"를 부르면서 군중을 이끌었다.

2010년 구글-버라이즌 협약은 '세이브 더 인터넷' 연합의 심장부에 망 중립성의 취약성과 모순을 여실히 드러내 보였다. 망 중립성을 지지했던 대부분의 공익 집단과 운동가들과 달리, 망 중립성 보호에 구글이 노력을 기울인 것은 그것이 하나의 원칙이어서라기보다 일시적인 거래를 위한 것일 뿐이었

4 캐나다, 미국 및 기타 국가에서 사회 정의를 위한 할머니들의 시민사회 단체. 주로 나이가 많은 여성들에 대한 편견과 고정 관념을 조롱하는 옷차림을 입고 시위를 하는데, 특히 시위 현장에서 노래나 연극을 하는 것으로 유명하다. - 역자 주

다. 협약이 개시된 후 구글은 무척이나 낭만적인 언어를 써가며 개방형 인터넷의 가치를 배신하는 변절의 목소리를 냈다. 가령 2005년 구글 공동 창립자 세르게이 브린Sergey Brin은 다음과 같이 다소 시적인 투의 말을 흘린다 : "기술은 본성적으로 민주주의의 촉매재입니다. 하드웨어와 소프트웨어의 진화 덕에 당신은 거의 모든 것을 더 향상시킬 수 있죠. 이는 우리의 인생에서 누구든지 똑같은 힘을 가진 도구를 가질 수 있음을 뜻합니다."(19) 하지만 구글의 과장된 수사 뒤에는 항상 비즈니스 모델이 도사리고 있었다. 망 중립성은 구글의 성공 초기에 필수적이었다. 망 중립성이 없었다면 1990년대 후반 ISPs는 구글을 태생조차 못하게 할 수 있었다. 트래픽을 차단하거나 느리게 함으로써 혹은 야후나 MSN 같이 더 큰 기존 검색 엔진들의 트래픽을 우대하는 거래를 통해서 말이다.

하지만 2010년에 입지를 다진 쪽은 다름 아닌 구글이었다. 한편에서 망 중립성은 구글이 ISPs가 트래픽 통제를 하지 않는 대가로 돈을 지불하지 않아도 되게 하는 보호막이었다. 다른 한편에서 구글은 실리콘 밸리 기업들 중 가장 거대하고 가장 높은 수익을 거둬들임으로써 트래픽 통행료를 낼 여유가 있었다 ; 구글이 점유하고 있는 시장과 경쟁해야 하는 작은 기업들은 그럴 여유가 없었다. 따라서 망 중립성 폐지는 구글의 단기 이윤을 깎아먹을지는 몰라도 잠재적으로는 검색 엔진과 여타 시장에서 구글의 중장기적 지배를 더욱 군건하게 만든 판이었다. 망 중립성 안에서 구글의 경제적 이해관계는 상당히 기괴해졌고 구글의 지위 또한 그렇게 됐다.

2014년, 기술기업의 난맥상

2014년 워싱턴 DC 연방법원이 2010년의 '개방형 인터넷 질서'에 관한 주요 조항들을 철회한 후 톰 휠러Tom Wheeler는 FCC 의장으로서 그는 임기 첫해 대부분을 케이블 산업과 인터넷 회사, 이따금씩 공익적인 활동을 하는 집단들 사이에서 좌고우면하는 데 허비했다. 그는 모든 이해 당사자들이 수용할 수 있는 독자적인 해법을 고안하려 했지만 그 노력은 수포로 돌아갔다. 초기에 휠러가 본능적으로 추진한 것은 광대역 카르텔과의 타협이었다. 그래서 그는 당시 다른 모든 사람들FCC에서 그를 위해 일하던 다른 두 민주당 이사를 포함해서이 아는 사실, 그러니까 인터넷은 공공적인 실용재이며 그런 방식으로 규제되어야만 한다는 점을 인정하길 주저했다.

톰 휠러의 우유부단한 태도에 분노한 망 중립성 활동가들은 FCC를 압박하여 광대역 인터넷을 타이틀Ⅱ의 통신 서비스로 재분류하고자 했다. 이는 그 당시만 해도 거창하기 이를 데 없는 목표였다. FCC는 일반적으로 2년마다 재선출되는 국회의원들의 요구에 우선 대응했지 대중의 압력에 대응했던 규제 기관이 아니었기 때문이다. 광대역 인터넷을 재분류하고자 조용히 분투하는 많은 활동가들조차도 FCC가 그렇게 대담한 움직임에 나설 것이라고 기대하지 않았다. 온라인 권리 보호 단체 '미래를 위한 투쟁Fight for the Future'의 캠페인 기획가 에반 그리어Evan Greer는 2014년 초를 다음과 같이 회상했다. "이번 타이틀Ⅱ의 망 중립성 규칙이 일말의 가능성이 있을 것이라고 본 사람은 아무도 없었다 … 나 또한 이런 정치적 환경에서는 그런 일이 결코 일어나지 않을 것이라고 노골적으로 말하는 FCC 이사를 마주치곤 했다."(20)

2014년과 2015년 망 중립성을 위한 풀뿌리 투쟁은 미디어 지지 그룹 연합인 '넷을 위한 투쟁Battle for the Net'이 주도했다. 주요 3단체인 자유언론Free Press, '소비자 진보운동Demand Progress' 그리고 '미래를 위한 투쟁Fight for the Future'은 인력과 자금을 제공했다.(21) 그밖에도 핵심 참여 단체로 '전자 프런티어 재단Electronic Frontier Foundation', '아바즈Avaaz', '공공지식Public Knowledge'[5], '미국 시민 자유 연합American Civil Liberties Union', '미디어 정의 센터Center for Media Justice', '변화의 컬러Color of Change', '전국 히스패닉 미디어 연합National Hispanic Media Coalition', 그리고 '커먼 코즈Common Cause' 등이 있었다.(22) '넷을 위한 투쟁' 안에서 기업의 역할이 갖는 중요성은 2010년 시기에 비해 많이 줄어들었다. 2014년의 가장 큰 변화라면 망 중립성 이슈 초기 독자적인 목소리를 내면서 대중과 접촉했던 실리콘 밸리의 많은 기업들이 거의 대부분 자취를 감추었다는 점이다**예외라면 이들 거인들이 자신들의 소극적 행보로 인해 구겨진 체면을 만회코자 망 중립성을 지지한다는 허울뿐인 편지에 서명한 일 뿐이었다.** 심지어 구글 CEO 에릭 슈미트는 2015년 타이틀Ⅱ 재분류를 추진하는 오바마 행정부 구성원들을 개인적으로 비난하기도 했다.(23) 구글, 페이스북, 이베이 등 대부분이 사태를 관망하면서 넷플릭스는 망 중립성의 새로운 기업측 대표로 떠올랐다. 컴캐스트와 버라이즌이 2013년 후반과 2014년 초반 넷플릭스 비디오 스트리밍에 제약을 가하려 하자 이에 자극받은 넷플릭스가 행동

• • •

5 지적 재산권 법률, 경쟁 및 디지털 시장 선택 및 공개 기준, 인터넷 관련 비영리 공익 단체. 워싱턴 DC 소재. - 역자 주

에 나서게 된 것이다넷플릭스는 결국 컴캐스트, 버라이즌 그리고 다른 주요 ISPs에게 비용을 지불하는 데 합의했다. 그 외의 기업들 중에서 2014년 '넷을 위한 투쟁'에 참여했던 기업으로 엣시Etsy, 킥스타터KickStarter, 그리고 오큐피드OkCupid 등이 있다.

'세이브 더 인터넷' 연합처럼 '넷을 위한 투쟁'은 인터넷 이용자들을 ISPs의 탐욕에 맞서는 것으로 위치짓는 포퓰리즘 논리를 동원했다. '넷을 위한 투쟁' 웹사이트는 망 중립성 투쟁을 다음과 같이 묘사했다: "그들은 케이블 팀Team Cable입니다 … 미국에서 사람들이 가장 싫어하는 기업들이죠. 그들이 이기면 인터넷은 죽습니다. … 우리는 인터넷 팀Team Internet입니다. … 우리는 자유롭고 열린 인터넷을 믿습니다."(24)

망 중립성 활동가들이 정책 형성 과정에 압력을 행사할 수 있는 가장 중요한 방식 중 하나는 톰 휠러가 망 중립성 제안에 대한 의견을 FCC에 제출하도록 지지자들을 독려하는 것이었다. FCC의 낡고 복잡한 미로 같은 웹사이트 때문에 기술에 정통한 인터넷 이용자들조차도 이슈에 대한 논평을 내려할 때 불편하고 성가신 노력을 들여야 했다. '넷을 위한 투쟁', '전자 프론티어 재단', 그 외 여타 조직들은 보다 이용자 친화적인 인터페이스를 구축하여 FCC에 의견을 제출할 수 있었다. 망 중립성에 우호적인 조직들은 이메일과 소셜 미디어를 통해 구성원들이 FCC에 의견을 제출하도록 촉구했다. 의견 제시 기간이 끝나는 9월 말이 되자 370만 개 이상의 의견이 제출됐다. '썬라이트 재단'Sunlight Foundation의 연구에 따르면, 인터넷 트래픽 속도를 차등적으로 이원화하는 휠러의 계획을 지지하는 의견은 네 달 간 FCC에 제출된 의견 중에서 1%에도 미치지 못했다.(25)

인터넷에 고속 라인을 별도로 허용하려는 톰 휠러의 계획이 낳을 잠재적인 결과를 보여주기 위해 '넷을 위한 투쟁' 연합은 '인터넷 먹통의 날Internet Slowdown Day'이라는 이름의 시위를 조직했다. 주최 측은 웹사이트 로딩 시간으로 인해 이용자들이 분노하는 경험을 재연하고, "모든 이들에게 망 중립성 없는 인터넷이 어떻게 보일지를 각인시키기" 위해 9월 10일 웹사이트에 "죽음의 바람개비"[6]를 설치했다. 트위터, 넷플릭스, 레딧, 텀블러 그리고 엣시를 포함해 4만여 곳이 넘는 웹사이트가 이 시위에 참여했다.(26) 이 웹사이트들은 방문자들이 그들의 국회의원들이 FCC의 계획에 반대하도록 접촉할 수 있게 해 주었다. '인터넷 먹통의 날'은 30만 건 이상의 청원과 200

• • •

6 애플사의 맥킨토시 제품에서 애플리케이션이 작동 중임을 알려주는 표시 같은 바람개비 모양. - 역자 주

만 건 이상의 이메일을 의회로 보냈다. 거기에 더해 FCC에는 7천여 건의 의견 글이 제출됐다. 이상은 9월 10일 단 하루 만에 일어난 일이었다.(27)

'넷을 위한 투쟁' 연합은 또한 온라인 상의 존재감을 오프라인 행동으로 옮겼다. 2014년 내내 "인터넷 팀"은 수십 개의 도시에서 현장 시위를 조직했다. 2011년 '월가를 점령하라Occupy Wall Street' 시위로부터 영감을 받은 'FCC를 점령하라Occupy the FCC'라고 불리는 소규모 운동가 연대는 워싱턴 DC의 FCC 본부 외곽에 캠프를 차려 일주일 넘게 머물면서 망 중립성 시위를 벌였다. 시위자들 중 많은 이들이 FCC 의장 톰 휠러를 정조준했다. 이들과 연대하기 위한 '대중 저항Popular Resistance' 단체는 11월 10일 아침 톰 휠러의 집에 나타나 그의 집 앞 진입로를 막아섰다. 한 시위자는 FCC 의장을 향해 "우리는 당신이 오늘 일하러 가도록 놔둘 수 없습니다. 왜냐하면 당신은 컴캐스트, 버라이즌, 그리고 AT&T를 위해서 일하지 보통 사람들을 위해 일하지 않기 때문입니다"라고 강력히 성토했다. 그리고 나서 시위대는 1930년대에 유명했던 노동가요 "당신은 누구 편에 서있나?"를 "당신은 누구 편인가, 톰?" "당신은 누구 편인가? 당신은 사람들 편인가? 아니면 통신사 편인가"로 개사하여 불렀다.(28)

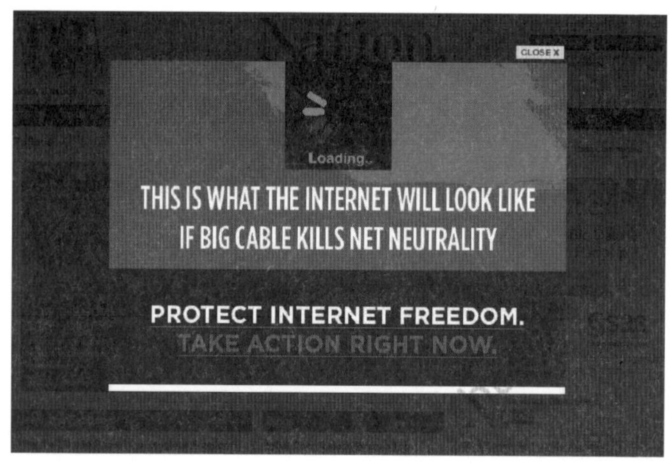

2014년 9월 10일 '인터넷 먹통의 날'에 대한 네이션 지 홈페이지 화면(The Nation Magazine, www.thenation.com, September, 20, 2014)

2014년을 달구었던 망 중립성 운동가들의 이러한 헌신이 눈에 띄기는 했어도 그해 벌어진 싸움을 가장 상징하는 순간은 한 코미디언으로부터 나왔다. 2014년 6월 1일 HBO 쇼 프로그램 Last Week Tonight에서 존 올리버John Oliver는 향후 몇 달 동안 인터넷을 떠들썩하게 할 13분짜리 독설로 그날 방송을 시작했다. 올리버가 망 중립성을 옹호하는 방식은 인터넷의 유토피아적 비전을 편지 공화국Republic of Letters[7] 또는 고상한

• • •

7 편지 공화국은 17세기 후반과 18세기 유럽과 신대륙(아메리카) 사이에 귀족, 지식인들 사이에서 서신 교환을 통해 주로 지적인 관심사를 커뮤니케이션하는 과정에서 형성된 커뮤니티를 지칭한다. - 역자 주

21세기 공론장으로 보는 시각에서 벗어나 인터넷을 즐거움과 분노, 방종으로 보는 일상적이고 심지어 쾌락주의적 만족의 관점에서였다: "자! 좋은 밤입니다. 괴물 여러분. 이것은 여러분의 전체 인생에서 훈련하며 살아온 … 그러니까 여러분의 인생에서 단 한 번의 순간을 위해 훈련해온 것일 수 있겠군요. 여러분은 그런 분노에 주파수를 맞춰야 해요. 여러분이 보기에 잘 빠진 몸매를 가진 여배우에게 가해지는 용서치 못할 공격들, 그것이 아니면 마음에 들지 않는 정치인, 또 그것도 아니면 날 버리고 떠나버린 전 여친의 사진에 대고 평소 마음속에 담아둔 짜증어린 표현들이 있잖아요. … 우리는 거기에 가서, 인생에 한 번쯤은 그래야죠, 당신의 무차별적인 분노를 유용한 방향으로 쏟아내야 해요. 당신도 한번 기회를 잡아보세요, 내 사랑스런 부대들, 키보드 캡스 락을 켜고, 이쁜이들 한 번 날려보자고!, 날려봐! 날려봐!"(29)

존 올리버의 비디오는 유튜브에서만 2015년 1월 700만 건 이상의 조회수를 올렸다. "좋아요" 수는 "싫어요"보다 100배 이상 많았다.(30) 톰 휠러도 그 비디오를 봤다. 그의 과거 로비에 대한 올리버의 잽은 그를 짜증나게 했다. 미디어 컨퍼런스에서 올리버에 관한 질문을 받은 휠러는 올리버의 재치 넘치는 말을 언급하면서 "전 오스트리아 산 들개딩고dingo라는 이름의 거친 성격의 견종가 아닙니다"라고 쏘아붙였다: "케이블 산업의 로비에 이용되던 바로 그 남자가 지금은 그것을 규제하는 기관을 운영하고 있습니다. 그것은 마치 보모가 필요하다고 딩고를 고용한 것과 같습니다."(31)

'자유 언론'을 포함한 활동가 집단들은 올리버의 영상 클립을 수 십 만 명에게 보내어 더 많은 사람들이 영상을 볼 수 있게 했다. 망 중립성에 관한 존 올리버의 한바탕 왁자지껄을 지켜본 수천 명의 사람들은 FCC에 차고 넘칠 정도로 의견을 보내야 한다는 그의 요청에 응답했다. 존 올리버의 망 중립성 영상이 나오기 전 주 FCC에 올라온 의견은 3,076건에 불과했지만 일주일 후 제출된 의견 수는 79,838건에 달했던 것이다.(32) 이러한 의견 세례는 일부 소수의 사람들만이 – 해당 산업을 대표하는 법률가들, 지방 정부 관료 그리고 공익 집단의 일시적인 대표자들 같은 소수의 사람들 – 의견을 제출할 동기부여가 되어 있을 것이라는 가정 하에 구축된 FCC의 구닥다리 온라인 의견 제출 시스템을 무용지물로 만들어 버렸다. 올리버의 영상이 방송을 탄 다음 날 FCC 웹사이트가 먹통이 된 것이다. FCC의 공식 트위터 계정은 다음과 같이 공지했다: "과도한 트래픽으로 인해 우리의 의견 접수 시스템이 기술적 어려움에 처했습니다. 우리는 빠른 시일 내에 이 문제를 해결하고자 노력 중입니다."[33]

그를 곤란한 지경으로 만든 대중의 압력이 없었다면 톰 휠러가 광대역 인터넷을 타이틀Ⅱ 통신 서비스로 재분류하는 대담한 조치를 취했을 가능성은 더욱 적었을 것이다. FCC 의장으로 재임하던 기간 동안 휠러는 대부분 적극적인 개혁을 수행하는 데 주저하는 것처럼 보였고, 실제로 개혁보다는 그때그때의 일상적인 일을 관행에 따라 처리하는 데 급급했다. 2014년 지배적인 망 중립성 투쟁 분위기에서, 타이틀Ⅱ 재분류를 수용하는 휠러 의장의 결정은 이같은 압력에 응한 결과였다. 2014년 11월 10일 중간선거에서 민주당이 심각한 패배를 한 며칠 후 오바마 대통령은 FCC를 거치지 않고 유튜브를 통해 자신은 강력한 망 중립성 원칙을 지지한다고 직접 말했다: "저는 FCC가 모두를 위한 망 중립성을 보호하기 위해 그들이 할 수 있는 모든 수단을 다하도록 촉구합니다. 그들은 당신이 컴퓨터, 전화, 혹은 태블릿 등 어떤 기기를 쓰든 인터넷 사업자들이 당신의 웹 접속을 차단하거나 제한할 수 없는 법률적 의무를 진다는 점을 명확히 해야 합니다."[34] 일부 관측자들은 오바마의 그런 움직임이 너무 미약하고 너무 늦었다고 비난하기도 했지만, 그럼에도 불구하고 그것은 대통령에 의한 극적인 개입이자 타이틀Ⅱ 보호 조항에 근거한 강력한 망 중립성 원칙보다 취약한 내용을 통과시키려 했던 휠러에게 마지막 정치적 핑계거리를 제거해 버리는 조치였다.

오바마의 "프랭클린 루즈벨트의 순간"FDR moment[8]은 때때로 망 중립성 투쟁에서 결정적 전환점으로 주목받지만, 이런 가정은 작동 중인 정치적 역학을 충분히 설명하지 못한다.(35) 2014년 행동주의의 물결이 있기 전 망 중립성에 대한 오바마의 지지는 시들해진 상태였다. 그 결과 오바마는 많은 오픈 인터넷 활동가들이 지지하는 하버드 법대 교수 수잔 크로포드 Susan Crawford 같은 소비자 권리 주창자는 배제하고 대신 톰 휠러를 FCC 의장으로 임명했다. 오바마는 심지어 휠러야말로 "케이블 텔레비전과 무선 인터넷 산업 양측 모두에 명예의 전당을 누리는 유일한 인물입니다. 그래서 그는 마치 통신계의 짐 브라운Jim Brown[9] 같습니다"라고 추켜세웠다. 휠러는 이러한 반전이 그 문제에 대한 자신만의 고심어린 사리분별의 결과였다고 – 일종의 "다마스쿠스로 가는 길road to Damascus로의 전

• • •

8 프랭클린 루즈벨트의 순간은 루즈벨트의 리더십에 관한 용어로, 대공황이라는 혼란스러운 시기를 극복하기 위하여 루즈벨트가 정치적인 결단을 내린 그의 리더십을 은유하는 미국 정치학적 표현. - 역자 주

9 미국인들이 역대로 좋아하는 운동 선수 중 한 명으로 꼽히는 전 전미풋볼리그(NFL) 선수 - 역자 주

환"[10] - 스스로를 자평했다.

하지만 결과적으로 망 중립성 보호에 비관적인 휠러 의장의 생각을 바꾼 것은 활동가들과 평범한 인터넷 이용자들의 분노였다. 휠러는 생각을 바꾸고 자신의 입장을 열정적으로 옹호하려는 그의 의지만큼은 확실히 인정받을 만하지만, - 2015년 '개방형 인터넷 질서'의 통과를 "그의 공공정책 인생에서 가장 자랑스러워할 날"이라고 말하는 - 그는 운동가들이 닦아 놓은 길 위를 쫓아갔을 뿐이다. 하여튼 오바마 대통령을 그렇게 공개적으로 나서도록 촉구한 장막 뒤의 계책이 있었다 하더라도, 2015년 강력한 망 중립성 보호 조치가 통과된 것은 무엇보다 단순히 엘리트들 사이의 내부 게임이나 갈등의 결과가 아니라 풀뿌리들이 투쟁하고 승리한 결과 얻어진 산물이었다.

• • •

10 서구권에서 다마스쿠스로 가는 길이란 누군가의 신념이나 인품에 큰 변화가 일어났을 때 이를 지칭하는 용어로 쓰인다. 이 용어는 기독교 역사 속 사도 바울에 기원한다. 바울은 바리새인이었는데, 열정적 예수운동 박해자에서 일순간에 예수의 추종자로 마음을 바꾼 인물이다. - 역자 주

트럼프 시대의 망 중립성

최근의 역사에서 망 중립성보다 더 많은 지지를 누린 정책은 거의 없다. 2017년 10월 12일 메릴랜드 대학의 '공공자문 프로그램the Program for Public Consultation'은 대부분의 미국인들이 망 중립성 원칙의 존속을 원한다는 조사 결과를 발표했다. 그 조사에 따르면, 응답자 중 83%는 망 중립성 폐지를 반대했다. 공화당 성향 응답자 중에서는 75%, 민주당 성향 응답자 중 89%, 그리고 무당파는 86%였다.(36) 이틀 후 FCC는 망 중립성 폐지를 표결했다. 표결 결과는 3 대 2였고, 이는 정당별 의석 분포에 준하는 결과였다. 대중적 인기를 등에 업은 이 법령은 "오물 청소를 하겠다"[11]는 공약으로 폭주한 "포퓰리스트" 대통령 치하에서 폐지되었다. 실제 도널드 트럼프의 인터넷 및 통신 정책은 공화당의 전통과 그리 다르지 않았다.

• • •

11 "오물 청소를 하겠다"는 공약은 도널드 트럼프의 대선 슬로건으로, 워싱턴의 기득권 엘리트 정치를 쓸어버리겠다는 의미. - 역자 주

2016년 11월 8일 도널드 트럼프의 대통령 선출과 함께 FCC의 2015년 '개방형 인터넷 질서'의 운명은 곧바로 위기에 처했다. 망 중립성 유지를 위해 마지막까지 노력한 친숙한 옹호 그룹 연합은 – '미래를 위한 투쟁', '자유언론', '소비자진보운동', '미디어정의센터' 등을 포함해 - 2017년 7월 12일 '망 중립성 구출을 위한 인터넷 대행동의 날Internet Wide Day of Actions to Save Net Neutrality'을 조직했다. 그들은 가령 자신들의 웹사이트를 일시적으로 바꿔서 망 중립성 없이 작동되는 인터넷이 어떤지를 연출해 보여주는 것과 같이 2014년 '인터넷 먹통의 날' 당시 사용했던 전략과 비슷한 것을 들고 나왔다. 예를 들면 대행동의 날에 레딧Reddit을 방문한 인터넷 이용자들은 "당신이 좋아하는 사이트가 느리게 접속된다면 인터넷은 더 재미없을 겁니다. 그렇겠죠?"라는 문구를 접할 수 있었다. 사이트 상단 오른편 구석에서 레딧 에디터는 디스토피아적 경고 문구를 삽입했다: "월 이용량 초과! 업그레이드를 원하면 클릭하세요!"(37)

반면 FCC 신임 의장 파이Pai는 독자적인 행동을 위해 인터넷에 출현했다. 산타 옷을 입고 레이저 검을 든 그는 보수 성향 뉴스 사이트 더 데일리 콜러The Daily Caller에서 제작한 엽기적인 '망 중립성 이후에도 당신이 인터넷에서 여전히 할 수 있는 일곱 가지 일들7 Things You Can Still Do on the Internet After Net Neutrality'이라는 비디오의 주인공으로 출연했다. 이 비디오는 공개되자마자 사람들의 주목을 끌었지만 디지털 공중들로부터 조롱거리가 되었다. 트위터에서는 〈스타워즈〉 시리즈에서 루크 스카이워커Luke Skywalker 역을 맡았던 배우 마크 해밀Mark Hamill은 "제다이Jedi는 이타심을 가지고 보통 사람들을 위해 행동하지 거대 기업을 위해 거짓말을 하는 사람이 아니다"고 말하면서 파이는 "광선 검을 들 가치가 없는 인물"이라고 조롱했다.(38) 이런 나쁜 평가에 치명타를 가한 것은 그가 비디오를 만들 때 마르티나 마코타Martina Markota라는 이름의 제작자와 같이 했다는 사실이 세상에 알려졌을 때였다. 마코타는 힐러리 클린턴과 여타 민주당 고위 관료들이 워싱턴 DC의 피자가게 지하실에서 아동 성매매 조직을 운영한다는 "피자게이트" 음모론을 퍼뜨리는 데 일조했던 아주 악명높은 인물이다.(39)

망 중립성을 방어하는 데 있어 기존 행보를 유지하고 있던 대부분의 거대 기술 기업들은 2017년 시위에서 일정한 거리를 두었다. 구글이 참여한 일이라고는 자사 정책 블로그에 극히 짧으면서도 별 내용도 없는 게시물을 올린 게 전부였다. 페이스북의 경우 마크 저커버그와 최고운영책임자 셰릴 샌드버그Sheryl Sandberg가 자신들의 개인 계정에 지지를 표명하는 정도

'망 중립성 이후에도 당신이 인터넷에서 여전히 할 수 있는 일곱 가지 일들'에 출연해 산타 복장으로 손가락 장난감 피젯 스피너와 장난감 총을 들고 있는 FCC 의장 파이(출처: The Daily Caller)

였다. 심지어 3년 동안 망 중립성의 충실한 일원으로 자리매김하며 망 중립성 수성을 위해 노력한 넷플릭스조차도 당시 상황에 이끌려 수동적으로 움직였을 뿐이었다. 넷플릭스 최고경영자 리드 헤이스팅스Reed Hastings는 2017년 5월 "우리는 망 중립성이 무척 중요하다고 생각한다"라고 말하면서도 망 중립성과 관련하여 "우리는 우리가 원하는 방식으로 거래를 할 수 있을 만큼 커졌기 때문에 망 중립성이 우리에게 없어서는 안될 정도로 중요한 것은 아니"라고 설명했다.(40)

기존 기업 동맹들의 지지는 열의를 잃었지만 망 중립성 지지자들은 사법 투쟁을 포함해 수많은 전선에서 싸움을 이어갔다. 당시의 주요 사건인 Mozilla v. FCC 간의 소송이 미디어 개혁 시민단체와 모질라, 엣시 같은 인터넷 회사, 22개 주 법무장관, 콜롬비아 특별구 등에 의해 2019년 2월 1일 워싱턴 DC 연방 순회법원에 제기됐다. 그들은 FCC의 망 중립성 포기 결정은 연방 기관으로 하여금 "임의적이고 변덕스러운arbitrary and capricious" 정책 변경을 금지한 1946년 행정절차법Administrative Procedure Act[12]을 위배했다고 주장했다.(41) 망 중립성 지지자들의 주장은 FCC가 법안을 통과시킨 지 겨우 3년만에 '개방형 인터넷 질서' 철회 결정을 내린 것은 법의 효력을 신중히 평가한 결과라기보다 공화당이 다수당이 되면서 이념적으로 변덕을 부렸기 때문이라는 것이다.

2018년 봄 에드 마키Ed Markey 상원 의원은 의회심의법Congressional Review Act[13]을 통해 망 중립성 폐지의 발효를 봉쇄하기 위해 상원의 표결 정족수를 확보하려 했다. 의회심의법은 대통령이 승인 하에 상하원 다수당이 지지한 정부 결정을 의회가 뒤집을 수 있도록 하는 것이다. 비록 에드 마키 의원의 노

12 행정 절차법은 1946년 6월 11일 제정된 법으로 미 연방정부 행정기관이 규정을 제안하고 설정하는 방법을 규정하고 있으며, 연방법원에 모든 기관 조치에 대한 감독을 부여하는 방식을 관장하는 연방법령. - 역자 주

13 이 법은 1996년 도입된 이래 거의 활용되지 않았지만, 트럼프 행정부가 오바마 대통령 시절에 만들어진 규제를 폐기하기 위해 적극적으로 활용하였다. 이 법에 따르면 상하원 모두에서 과반 이상의 동의가 있을 경우 연방 규정을 의회가 무력화할 수 있다. - 역자 주

력으로 상원에서는 52-47로 통과했지만 공화당이 지배하는 하원에서는 다수의 지지를 얻는 데 실패했다. 공화당이 수적으로 우위에 있다는 점을 고려하면 이는 놀랄 만한 패배였다. 2018년 중간선거 이후 민주당은 하원을 지배하여 의회의 망 중립성을 옹호하는 의원 수를 확보했지만, 트럼프 대통령은 법안이 자신의 집무실에 도착하면 민주당의 결정에 거부권을 행사할 참이었다.

연방 수준에서는 망 중립성을 재건하려는 행동이 없었지만 활동가들은 망 중립성을 재건하기 위해 각 주를 대상으로 싸움을 전개했다. 2019년 2월을 기준으로 10개 주가 망 중립성 법령을 제정하였고, 20개가 넘는 다른 주들도 망 중립성 법제화를 고려하고 있다. 2019년 9월 캘리포니아 주는 '전자 프런티어 재단Electronic Frontier Foundation'이 망 중립성 주 법의 "금본위제gold standard"라고 부른 망 중립성 법안을 통과시켰다. 사실상 캘리포니아 주의 법안은 FCC의 2015년 '개방형 인터넷 질서'에서 한걸음 더 진전된 것이었다.(42) 캘리포니아 법안은 차단, 속도저하, 지불우선권에 반대하는 규칙들을 재정비함은 물론, ISPs가 제로 레이팅zero-rating이라 불리는 논란 많은 행위도 금지하도록 하고 있다. 제로-레이팅은 기존의 망 중립성 원칙에서도 허용되던 것으로서, ISPs가 특정 웹사이트 또는 애플리케이션에 데이터 이용료를 면제해주는 제도이다. 이 서비스는 ISPs에게 그들이 선호하는 웹사이트 이용은 더 쉽고 저렴하게 해주는 반면, 그들 입장에서 내키지 않는 사이트 접속 요금은 보다 비싸게 책정할 수 있다.

만약 캘리포니아 주의 망 중립성 법안이 성공적으로 이행된다면 그 파장은 전국적인 반향을 불러일으킬 것이다. 미국에서 가장 인구가 많은 캘리포니아에서 강력한 망 중립성 규제를 실행한다면 ISPs에게 망 중립성 원칙을 준수하도록 압박할 수 있을 것이다. 또한 모든 주에서 그들이 ISPs에게 적용하는 각기 다른 망 중립성 관행을 – 비용면에서나 논리적 복잡성면에서나 기술적으로도 복잡한 노력 – 채택하기보다 그들의 트래픽 관리 제도를 캘리포니아 주의 기준에 맞추도록 압박할 수 있다.

망 중립성을 보호하기 위한 이같은 각 주들의 노력은 FCC, 트럼프 치하의 사법부 그리고 광대역 인터넷 산업의 강력한 반대에 부딪쳐 왔다. 그들은 하나같이 망 중립성이 불법이라고 주장한다. 그러나 그들의 주장은 일관성 없는 근거들에 의존하고 있다. 2017년 12월 망 중립성 폐기 표결에서 FCC의 공화당 성향 인사는 주 정부는 망 중립성에 관한 연방정부의 개입에 관여할 권한이 없다고 주장했다. 동시에 FCC

는 자체적인 망 중립성 원칙을 만들려고 하는 주 또는 지방 정부의 권리를 박탈해야 한다고 주장했다. 하지만 FCC는 두 가지 방향에서 공히 그럴 권한을 가질 수 없다. 이에 대해 스탠포드대학 법학과 교수 바바라 반 쉐윅Barbara van Schewick은 "판례법에 따르면 규제 권한이 없는 정부 기관이 주 정부를 대신할 권리는 없다"[14]라고 말한다.(43) 여기에 더해 지지 손Gigi Sohn[15]은 다음과 같이 보탠다 : "광대역 인터넷 사업자들은 주법을 원치 않고 연방법을 원한다고 말한다. 하지만 주법은 연방의 규칙들을 폐지할 수 있는 원동력이다."(44)

확실히 각 주가 주도하는 망 중립성 보호 노력에 대한 반대는 냉소적인 정치적 기회주의의 냄새를 강하게 풍긴다 : 지난 수십 년 동안 공화당은 각 주가 가진 권리를 찬양해 왔고, 지방 정부가 다뤄야 할 사안에 대한 연방정부의 과도한 개입과 영향력 행사를 비난했다. ISPs와 그들의 정치적인 대리인들 또한 오랫동안 각 주의 권리를 광대역망의 산업적 이해관

• • •

14 이러한 논리를 이해하기 위해서는 미국의 연방법과 주법의 관계를 이해해야 한다. 미국의 각 주는 행사할 수 있는 권리를 주법에 의해 명문화하여 행사하지 않을 때 그 권리를 행사할 수 있는 힘과 집행 책임, 의무가 연방정부에 귀속된다. 따라서 반 쉐익 교수의 말은 연방헌법이 주 정부가 가질 수 없는 권리로 규정한 권한 이외의 권한을 주 정부는 행사할 수 있다는 의미로 해석할 수 있다. - 역자 주

15 비영리 단체 공공 지식'Public Knowledge'의 전 대표이자 공동 창립자. FCC에서 활동했지만 트럼프 대통령 취임 이후 사임한 바 있다. - 역자 주

계를 옹호하기 위한 방편으로 동원해 왔다. 연방 정부의 망 중립성 법을 반대할 때도 그랬고, 거대 ISPs와 경쟁하는 지자체 소유의 광대역 네트워크 구축 금지 법안을 지지할 때도 그랬다. 망 중립성을 보호하기 위해 각 주가 주도하는 움직임에 직면한 지금의 ISPs는 망 중립성의 운명이 지방 정부의 법령보다 연방 의회에 의해 결정되어야 한다고 고집하고 있다.

그들의 망 중립성과 우리의 망 중립성

구글, 넷플릭스, 페이스북 같은 사업자들에게 망 중립성의 가치는 오로지 상업적 용어로만 표현된다. 구글, 아마존, 페이스북 같은 기업들을 대변하는 로비 단체 '인터넷 협회Internet Association'가 2017년 발행한 보고서는 망 중립성 논쟁을 다음과 같이 요약한다: "망 중립성을 둘러싼 모든 잡음의 이면에는 결국 경쟁, 투자, 역량, 혁신으로 귀결된다."(45) 이런 관점에서 망 중립성은 무엇보다 인터넷 혁신과 기업가 정신을 고취하기 위한 선제적이고 여러 주된 원칙 중 하나이다. 공익은 이차적인 관심사거나 혹은 – 아마도 훨씬 더 애매모호한 – 디지털 자본주의 그 자체의 건강성 같은 것이다.

망 중립성 논쟁의 초기 단계에서 활동가들은 자신들의 정치적 목표와 구글, 넷플릭스 그리고 다른 이기적인 기업 운동가들의 목표를 구별하는 데 실패했다. 그들은 지나칠 정도로 빈번히 파트너 기업들의 비즈니스 친화적 주장에 경도되었고, 시민권과 언론 자유, 사회 정의에 토대를 둔 망 중립성의 근본 원리를 혁신과 기업정신을 촉진하는 것으로 바꿔버렸다. 망 중립성에서 공중의 이익은 구글과 페이스북, 아니면 "차세대" 뉴 미디어 거인의 성공으로 등치되는 경향이 있어 공익은 사실상 사적 기업에게 위임되는 셈이었다.

하지만 많은 운동가들은 이제 더 이상 실리콘 밸리의 거대 기업들과 동맹적 파트너이기를 원치 않는다. 최근 10년 동안 페이스북과 구글 같은 기업들은 망 중립성을 위한 투쟁에서 변덕스러운 파트너였을 뿐만 아니라 개방형 인터넷을 약화시키는 짓도 서슴치 않았다. 사람들은 점점 더 페이스북과 구글을 사람들 사이의 커뮤니케이션과 정보 교환을 위한 중립적인 통로가 아니라 단지 상업적 이익을 위해 이용자 프라이버시를 이윤으로 맞바꾸는 데 열중하는 탐욕스러운 존재로 인식하게 됐다. 페이스북과 구글 등은 21세기 첫 10년 동안 이상주의자들이 민주적 공론장이 될 것으로 기대했던 바로 그곳을 광고, 클릭 낚시, 그리고 허위정보misinformation로 점철된 상업화된 판옵티콘panopticon으로 바꾸는 데 일조했다. 그러므로 망 중립성을 위한 저변의 풀뿌리 운동은 페이스북, 구글, 아마존 등의 비즈니스적 이익보다 훨씬 강력한 윤리적 토대를 요구한다. 최근 망 중립성 행동주의 흐름의 최선두에 '미디어정의센터Center for Media Justice'와 '변화의 컬러Color of Change' 같은 조직들이 있다. 그들은 망 중립성을 아메리카의 각기 다른 시장에서 서로가 서로를 죽이는 싸움이 아닌 시민권과 사회적 정의로 재정의한다. '미디어정의센터' 상임 이사 말키아 시릴Malkia Cyril은 "이 싸움은 컴캐스트와 넷플릭스 간의 투쟁이 아닙니다. 이 싸움은 괴짜와 바보 사이의 투쟁도 아닙니다. 이 싸움은 21세기 현대사회에서 커뮤니케이션에 접근하기 위한 보통 사람들과 우리의 권리, 그리고 민주주의가 아니라 이윤을 위해서 인터넷 시스템에 차별을 만들어 이용하려는 이들과 벌이는 투쟁입니다"라고 설명했다.(46)

본질적으로 망 중립성을 위한 투쟁은 정치적 권력 투쟁이다. 트럼프 시대의 망 중립성은 극우파들이 키운 인종주의, 국수주의, 성차별주의, 그리고 경제적 착취에 맞서 전선을 형성하고 있는 새로운 민주주의 운동에 특히 중요하다. '흑인의 생명은 소중하다Black Lives Matter'에서부터 미투#MeToo 운동 그리고 다코타 액세스 파이프라인#NODAPL[16] 시위에 이르기까지, 소셜 미디어 플랫폼 등 디지털 도구들은 운동가들에게 완전하지는 않지만 효율적인 수단을 제공하여 그들의 메시지를 공중에게 전파할 수 있게 했다. 주변부로 내몰린 공동체들의 인터넷 활용은, 부분적으로, 망 중립성에 의존한다. 미디어 정의 활동가 스티븐 렌데로스Steven Renderos는 다음과 같이 역설했다 : "이민자들과 이슬람 공동체가 백악관에 의해 희생당하는 시대에 타이틀Ⅱ에 의해 보호받는 개방형 인터넷은 우리의 민주주의를 보존하는 생명과도 같은 것이다. 이슬람 입국 금지 조치가 공표되었을 때 활동가들은 개방형 인터넷을 활용하여 미국 전역의 공항에 수백 만 인파를 결집시켰다."(47)

• • •

16 2016년 4월에서 2017년 2월에 걸쳐 발생한 시위 운동. 거대 송유관 다코타 파이프라인 건설을 두고 지역 사회와 개발 업체 간 갈등으로 촉발된 운동이다. - 역자 주

4

결론
: 또 다른 인터넷은 가능하다

DIGITAL NEW DEAL

대공항 전날 밤, 단지 세 개의 지주회사만이 미국내 전기의 절반을 발전시키고 있었다.[1] 거의 규제되지 않은 이들 회사들은 거대 도시와 부유층에게 부풀려진 가격으로 전기를 공급하면서도 그들에게 충분한 돈벌이가 되지 못하는 넓은 지역의 농촌 거주지는 외면했다. 세기적 전환기에 나타난 신비로운 사치라고 생각할지 모르지만, 1920년대 당시 전기는 현대적인 정치, 경제적 삶에 있어서 필수불가결한 것이었다. 1932년 루즈벨트 대통령은 공공전력을 대통령 캠페인의 중심 강령으로 삼아, 사기업에 의한 공공사업이 "이기적인 목적"에 심취해 있어 "자신이 미국 대통령으로 재임하는 동안 연방정부는 결코 전력원에 대한 그들의 주권이나 통제권에 편들지 않을 것"이라고 역설했다.(2) 루즈벨트는 자신의 약속을 지켰다. 선출되자마자 그는 테네시유역도감Tennessee Valley Authority을 설립했다. 연방정부 차원에서 소유하고 있던 이 공공사업은 남부 농촌 지역의 일곱 개 주에서 사용할 수 있는 전기를 공급하는 일을 수행해내었다. 오늘날 우리가 광대역 인터넷에서 보고 있는 것은 여러모로 1930년대의 추억을 떠올리게 한다. 우리에게 필요한 것은 디지털 시대를 위한 뉴딜이다.

우리는 기업의 공익 침해를 방지하는 지극히 최소한의 보호막마저 해체되고 있는 시대에 맞서 미래 우리의 광대역망 하부기반에 대해 과감한 아이디어를 떠올려야 한다. 서투른 땜방 식을 하던 시대는 지났다. 망 중립성은 인터넷을 보다 민주적인 것으로 만들기 위해 반드시 필요하지만 충분하지는 않은 정책이다. 그것은 ISPs의 갖가지 악용을 억제하기 위해 고안되었지만, 그들의 시장권력을 본원적으로 제어하지는 못한다. 계속되는 인터넷 접속에서의 불평등에 대해서도 직접적으로 맞서지 못하고 있다. 만약 우리가 광대역망 카르텔의 손아귀로부터 인터넷 민주주의의 잠재성을 구출하고자 한다면, 망 중립성은 훨씬 더 야망찬 정치적 프로그램이 되어야 한다.

그래서 달리 어떻게 해야 하는가? 어떤 정책들이 인터넷에 대한 기업의 통제를 제어하고 대중들이 이렇게 중차대한 하부기반에 접근할 수 있도록 열어둘 수 있는가? 우리는 민주적인 인터넷을 위한 보다 포괄적인 정책 방안을 필요로 한다. 그 중 일부 정책 아젠다가 야심차게 보이기도 하지만, 우리는 최근 망 중립성을 지지하는 맹렬한 행동주의는 물론이거니와 페이스북과 구글의 비즈니스 관행에 대해 대중들이 점점 더 우려하는 것에도 귀를 기울인다. 실제로 미디어와 커뮤니케이션 정책 이슈에 대한 대중의 개입은 전례없는 일이다. 인터넷을 민주화시킬 수 있는 더없이 좋은 기회가 우리들 앞에 놓여 있다. 그것을 헛되게 해서는 안된다.

인터넷을 민주화하기 위한 정책적 개입

망 중립성은 보다 근본적인 이슈, 즉 광대역망 카르텔의 정치경제적 권력 가운데에서도 아류에 속한 문제를 다룬다. 보다 민주적인 인터넷은 가능하다. 하지만 그것은 ISPs의 독점 권력에 대항할 때에만 그렇다. 망 사업자들을 제어하는 데는 크게 세 가지의 일반적인 전략이 있다 : 광대역망 카르텔의 해체, 엄격한 공익적 책임의 부과, 공적 소유의 대안 구축.(3) 이들 세 가지 전략은 – 각각의 전략은 국가 인터넷 하부기반에 대한 광대역망 카르텔의 통제를 다방면에서 공격할 수 있기 때문에 – 개별적으로 따로따로 추진될 필요가 없다.

디지털 하부 기반에 대한 광대역망 카르텔의 통제력을 약화시키는 첫 번째 접근은 반독점 옵션anti-monopoly option이다. 최근 미국에서 빠르게 성장하고 있는 반독점 운동은 미국내 대부분의 경제 섹터에서 점차 커져가는 극단적인 집중화에 대한 분노에 찬 비판을 보여준다.(4) 광대역 인터넷 시장의 맥락에서 반독점 옵션은 컴캐스트와 같은 거대 ISPs를 작은 단위로 수평적으로 그리고 수직적으로 해체하기 위해, – 또는 그들에게 장차 있을 인수합병을 막음으로써 적어도 그들이 이미 가지고 있던 것보다 경제적 권력을 더 많이 증가시키는 것을 막기 위해 – 오랜 세월 그런 것에 작동해 온 반트러스트법anti-trust legislation을 부활시키는 처방이다. 그 목적은 수많은 소형 또는 중형 크기의 ISPs가 가격, 속도, 서비스의 질에 입각해 활발하게 경쟁하도록 탈집중화되고 경쟁적인 경제 환경을 조성해내는 것이다.

반트러스트 방식은 독점을 규율하거나 제어하기 위한 조치 중에서 본원적인 수단이지만, 미국 커뮤니케이션 시스템에서 상업적 과잉을 제대로 막지 못할 수도 있는 한계가 있다. 반독점 행동주의자들은 ISPs에 경쟁이 없다는 것에 대해서는 직접적으로 분노하지만 기업 권력을 뒷받침하는 상업적 가치에 대해서는 상대적으로 덜 공격적이다. 이런 접근 방식으로 인해, 인터넷이 어떻게 운영되어야 하는지에 대한 결정적인 질문은 여전히 시장에 광범위하게 위임되어 있다.

두 번째 접근은 ISPs에게 엄격한 공익적 규제를 부과하는 것이다.(5) 독점은 – 특히 자연적인 독점은 – 규모에 따라 운영할 수 있는 권리를 부여받는 대신, 일반적으로 어떤 중요한 사회적 요구를 충족시키도록 하는 사회적 계약을 준수할 의무를 지닌다. 지난 30여 년 동안 전화와 케이블 기업은 통신 산업을 시나브로 자율화한 결과 대중에 대한 이러한 책임을 벗어버리는 것이 용인되었다. 하지만 중요하게 기억해야 하는 것은 우리가 어떤 사적인 부가통신 서비스에 접근하는 것을 ISPs가 용인하지 않고 있다는 것이다; 그들은 우리 모두가 요구해 마지않는 공공 서비스를 제공하는 중요한 하부 기반의 임시 관리자일 뿐이다. 사회로서 우리는 그들에게 이런 공공재로부터 이윤을 얻는 특권을 부여했지만, 그것은 오직 그에 따라 우리를 위한 봉사를 지속할 때에 한해서이다. 많은 점에서 망 중립성 보호방안은 이러한 공익적 규제의 범주 안에 든다. 정책을 둘러싼 오랜 투쟁의 역사는 커뮤니케이션 독점이 시간의 경과에 따라 매우 성공적으로 이같은 규제들을 무기력하게 해 왔음을 증거한다.

세 번째 전략은 ISPs에 맞서는 진정한 공공적 대안을 만드는 것이다. FCC 공화당 위원인 마이클 오릴리Michael O'Rielly와 같이 지자체 광대역망 반대론자들은 이런 시책이 미국의 자유시장 전통을 적대시하는 것이라고 – "만연한 사회주의적 행태"하고 말하면서 – 규정하지만, 미국에는 지자체 단위의 상수도와 하수도, 전기와 같은 공공 실용재를 관리해 온 기나긴 역사가 있다.(6) 우리가 이 책 1장에서 보았듯이, 이전 세대들은 통신 서비스를 지역자치화하고 국영화하는 데 호의적이었다. 이와 유사하게 루즈벨트 대통령은 "사기업이 제공하는 공공 실용재 서비스나 그들이 부과하는 요금에 대해 … 공동체가 만족하지 않는 곳에서, 유권자들의 공정한 투표가 이루어진 이후라면, 정부 스스로 서비스를 소유하고 운영하는 조직을 건설하는 것은 거부할 수 없는 기본권이다"라고 주장했다. 루즈벨트는 이 권리를 "아이가 꾸지람만으로는 소용이 없을 때 꺼내서 사용하는 벽장 속의 회초리"라고 그 의미를 부여했

다.(7)

대부분의 다른 민주주의 선두국가와 비교해, 미국은 위에서 언급한 세 가지 영역독점의 해체, 독점의 규제, 공적 대안의 창출 모두에서 허약하다. 그럼에도 불구하고, 우리의 시각에서 볼 때, 마지막 접근법이 인터넷 접속을 향해 달려가는 마지막 남은 거리에서 기업독점을 추월할 수 있는 최상의 기회를 제공한다. "공공 선택지"는 좀 더 면밀히 살펴볼 가치가 있다.

"회초리"를 넘어 : 공공 선택지

루즈벨트 대통령의 꽤나 폭력적인 은유를 따라가 볼 때, 인터넷 하부 기반의 공적 소유권은 "회초리" - 통제불능의 ISPs가 보다 경쟁력 있는 가격책정과 하부 기반의 업그레이드, 또는 서비스 범위의 확대 등을 하도록 규율하는 데 쓰이는 마지막 방책 – 그 이상으로 바라봐져야 한다. 사실 공적으로 소유되고 경영되는 인터넷 서비스는 광대역망 카르텔에 더없는 위

협이다 : 그것은 실행 가능한 대안이 될 수 있다. 상업적 시장에서 인터넷을 없애는 것은 공익이 기업의 이윤 위에 위치한다는 것을 보증하는 가장 확실한 방법이다. 실제로 이것은 전통적으로 민주주의 사회에서 공공재가 – 교육이 그런 것처럼 – 취급되는 방식이다. 하지만 이들 서비스들은 너무나 그 가치가 높기 때문에 현실적으로 시장에서 완전히 벗어나기는 힘들다.

인터넷은 여러 가지 다른 공적 소유의 서비스처럼 전송될 수 있다. 최근 수년에 걸쳐 전국의 많은 도시와 군 단위 지역이 그들 소유의 지자체 광대역망을 구축하려는 움직임을 보여왔다. 의욕적인 지역자치 조직이 긴축의 저주에 빠지지 않는다면 차세대 광대역망을 구축하는 데 필요한 자본을 독립 ISPs보다 훨씬 더 잘 끌어올 수 있다. 오늘날 미국 내 750개 이상의 공동체가 공적 소유의 케이블이나 댁내 광케이블fiber-to-the-home; FTTH 네트워크를 제공한다. 광속의 70%에 이르는 FTTH 네트워크는 동축 케이블이나 구리 전화선을 통한 인터넷보다 훨씬 빠른 다운로드와 업로드 속도를 제공한다.(8)

테네시 주의 채터누가Chattanooga 시는 노후화된 자신들의 기반시설을 업그레이드하거나 별로 이윤이 생기지 않는 사람들에게 서비스를 확대하는 것을 주저했던 컴캐스트와 AT&T

에 실망한 나머지 2009년 FTTH 네트워크 건설을 위한 과감한 발걸음을 내딛었다. 시는 해당 시의 전기회사를 통해 네트워크를 운영하여 그들 고객들에게 초당 1기가바이트의 접속 속도와 텔레비전 서비스를 월 70달러에 제공했다. 그 어떤 면에서 보아도 채터누가의 실험은 완벽한 성공이었다 : 2018년 Consumer Reports 조사에 따르면, 채터누가의 지역 광대역 네트워크는 미국에서 운영되는 최상위급의 인터넷 서비스였다.(9) 이와 유사한 지자체의 광대역망 시책이 캘리포니아 주의 산타모니카Santa Monica, 오레곤 주의 샌디Sandy에서 점화되었고 이 또한 큰 성공을 거두었다. 일반적으로 공동체 소유의 FTTH 네트워크는 컴캐스트와 버라이즌 같은 광대역망 거수巨獸가 재미보는 엄청난 규모의 경제를 결여하고 있음에도 불구하고, 사적 섹터의 기업에 비해 보다 더 저렴하면서도 더 빠르며 훨씬 투명하다.(10)

시장 점유의 관점에서 볼 때, 지자체의 광대역 서비스가 독점 ISPs에게 가한 위협은 여전히 소소할 따름이다 : 공적 소유의 유선 광대역 네트워크는 상대적으로 소수에 지나지 않는다. 그리고 그것들은 소형이거나 중형 사이즈의 시장으로 한정된다. 그에 반해 광대역망 카르텔은 지자체의 광대역망 확장을 막기 위해 10년 이상 공격적인 캠페인을 전개했다. 컴캐스트는 인구 16만 1천 명의 콜로라도 주 포트 콜린스 Fort Collins에서 유권자들이 지자체 광대역 서비스에 가입하는 것을 포기시키기 위해 거의 100만 달러의 돈을 캠페인에 쏟아부었다.(11) 광대역망 카르텔과 상인 집단의 집요한 압박 아래 26개 주는 지자체가 자신들 소유의 광대역 네트워크를 구축하는 것을 완전히 제한하거나 금지하는 것을 법제화했다.(12)

그래서 광대역 카르텔이 두려워하는 것은 단기적인 시장 점유율의 하락이 아니라 어떤 좋은 사례로 인해 야기되는 장기적인 위협이다. 미국 ISPs는 전국적으로 가장 진절머리 나는 회사로 끊임없이 지적받아 왔다. 그와 반대로 최근의 투표 결과에 따르면, 지자체 광대역망 시책은, 또는 적어도 그런 시책에 착수할 수 있는 권리는 대중들의 정치적 성향과 무관하게 모두에게서 압도적으로 지지받았다. 미국인 10명 중 7명, 그러니까 공화당 성향의 67%, 민주당 성향의 74%는 지방정부가 그들 소유의 초고속 인터넷 네트워크를 구축할 권리를 가져야 한다고 믿는다.(13) 공적으로 소유되는 광대역망 시책이 성공할 수 있다는 것은 컴캐스트와 버라이즌 같은 류가 지배하는 커뮤니케이션 시스템이 불가피하지도 필수불가결하지도 않다는 점을 보여준다. 지자체의 광대역망은 대안적인 커뮤니케이션 시스템이 – 기업의 이익보다 공익을 극대화하기 위해 운영되는 것 – 가능할지도 모른다는 점을 예시한다.

수많은 공공 광대역망 프로젝트가 주 차원에서 제안되었다. 2018년 5월에는 미시건 주지사 후보 압둘 엘-세이드Abdul El-Sayed가 미시건 주 전체에 서비스되는 공공 인터넷 구상 MI-FI를 발표했다. 엘-세이드의 계획은 공적 소유의 광케이블 인터넷 네트워크에 재정을 대고, 실제로 건설을 위해 도시와 군 단위가 밀접하게 협력하는 "공-공public-public" 파트너십을 조성하는 것을 골자로 한다.(14) 버몬트 주지사 후보 크리스틴 홀퀴스트Christine Hallquist 또한 전체 버몬트 주에 공급되는 공적 소유의 광케이블 인터넷 네트워크를 제안했다.(15) 비록 이들 후보들이 선거에서 승리하지는 못했지만, 그들의 정책적 제안은 향후 심도있게 살펴볼 가치가 있다.

지역자치 수준에서보다 주 단위에서 광대역망 개발을 추구하는 것이 본질적으로 더 많은 이점이 있다. 지자체의 광대역망 시책은 고도로 지역화되고 파편화된 성격의 프로젝트이다. 개별 공동체들이 그런 것을 만들고 유지하기 위해서는 엄청난 양의 정치적 자본과 기술적 전문성, 법률적 자문을 요구한다. 많은 지자체들, 특히 거둬들이는 세금이 적은 낮은 소득 수준의 지자체들은 이들 자원을 집행할 여력이 없다. 그에 반해 주 단위의 광대역망 시책은 네트워크 구축과 유지에 드는 비용을 보다 많은 사람들에게 분산시킴으로써, 소규모 지자체 수준에서보다 훨씬 큰 규모의 경제 혜택을 누릴 수 있다.

결국 앞으로 가장 바람직한 경로는 연방 수준의 "모두를 위한 광케이블Fiber for All" 프로그램이 될 것이다. '모두를 위한 광케이블' 계획만이 지역적으로 진정 보편적인 중립적 초고속 인터넷을 제공할 수 있고, 도시, 주, 우편번호와 무관하게 미국 시민들이 거주하는 곳 어디에도 서비스할 수 있다. 이런 제안이 광대역망 카르텔의 어마어마한 정치적 저항에 맞닥뜨리는데도, 진보적인 정치인들과 심지어 많은 행동주의자들조차도 노후화된 미국 내 사적 소유 기반시설에 대한 과감한 해결책을 원하는 대중적 욕구를 과소평가하는 것처럼 보인다. 2018년 '진보를 위한 데이터Data for Progressive' 투표에 따르면, 미국인의 56%가 인터넷의 공공 선택지를 지지하는데 반해 28%만이 반대했다.(16)

정치적으로 볼 때, 모든 구성원들이 접근가능한 충분하고도 믿을만한 광대역 접속을 보장하는 것은 미국의 주요 정당 중 어느 한쪽에게 거부하기 힘든 주장이다. '모두를 위한 광케이블' 계획은 특별히 거대 케이블과 전화 회사들에 의해 제대로 서비스 받지 못하는 농촌지역의 유권자들에게 실질적인 이익을 준다고 홍보되고 있지만 사실상 전체 미국 선거에 의

미있는 영향력을 미친다.(17) 광대역 인터넷의 확장을 지지함으로써 따라붙는 정치적 이익과 무관하게, "인터넷 사막internet deserts"이 존재한다는 것은 – 농촌지역이든 빈곤한 도시 지역이든 – 미국과 같이 엄청나게 부유한 민주주의 국가로서는 받아들이기 힘든 일이다. 이렇게 불평등한 것에 맞서기 위해서는 광범위한 풀뿌리 투쟁이 요구된다.

'모두를 위한 광케이블'의 혜택에도 불구하고, 인터넷 하부기반의 공적 소유가 – 지자체 수준에서든 주 또는 연방 수준에서든 – 정부 감시의 위협을 증가시킬 수 있다는 우려가 있다.(18) 이러한 가능성을 사전에 방지하기 위해 몇 가지 중요한 잣대가 주어져야 한다. 첫 번째이자 가장 중요한 것으로 강력하고 독립적인 정부기관이 그 네트워크를 구축하고 관리하는 권한을 부여받아야 한다. 거기에 더해 공적인 광대역 네트워크를 운영하는 어떠한 지자체나 주 또는 연방정부의 기관도 다음의 원칙을 따르도록 해야 한다:

- 광대역 네트워크의 기계적 동작을 유지하는 데 절대적으로 필요한 것 이외에 어떤 종류의 웹 브라우징이나 장비 또는 장소 등의 데이터도 수집되지 않을 것이다.
- 네트워크 관리의 목적으로 수집된 모든 이용자 데이터

는 즉시 익명 처리될 것이다.

- 이용자 데이터는 법원의 영장에 의해 합법적으로 요구되는 때를 제외하고 법 집행을 위해서나 그 어떤 정부기관에서도 공유되지 않을 것이다. 그런 경우 이용자는 그들의 데이터가 공유되었다는 점을 합리적이고 시의적절한 방식으로 고지받을 것이다.
- 이용자 데이터는 필요에 따라 네트워크를 구축하거나 향상시키는데 요구되는 계약자를 제외한 그 어떤 제3자에게도 판매되거나 공유되지 않을 것이다.
- 이용자는 그 정보가 누구와 공유되었고 그 목적이 무엇인지와 같이 공공 ISPs가 수집한 모든 세부 기록 자료를 요구할 권리를 가질 것이다.
- 넓은 범위의 프라이버시 전문가와 시민사회 대표자로 구성된 독립적인 감독 및 감사 평의회가 구성되어 공공 광대역 인터넷 운영자의 프라이버시 실무가 정기적으로 감사받을 것이다.

적절한 제도적 안전장치를 둠으로써 우리는 보편적이고 이용가능한 인터넷 접속을 제공하는 것과 인터넷 이용자들의 프라이버시를 보호하는 것 간에 양자택일을 할 필요가 없다.

"모두를 위한 인터넷" 정책 아젠다의 주요 장애물들

이렇게 제안된 수많은 개혁방안의 대중적 지지에도 불구하고, 그것들 중 어느 하나라도 성취하기 위해서 우리는 먼저 자유주의 기업 정책 패러다임, 즉 인터넷의 민주적 목적이 독점기업의 상업적 요구를 훨씬 상회하는 결정적 하부 기반이라고 생각하지 않는 어떤 시각틀framework을 돌파해야 한다. 이런 시장 자유주의적 시각틀을 해체하기 위해서는 그것을 지지하는 주요한 토대가 되는 것들을 원상복구하는 것이 필요하다. 그것은 다름 아닌 새로운 정책 패러다임을 확립하고 인터넷을 민주화하려는 일체의 진보적 발걸음에 심각한 장애물이 되고 있는 규제 포획regulatory capture이다.

작금의 FCC는 "규제 포획"의 교과서적 전범이다. 규제 포획이란 규제하기로 되어있는 바로 해당 산업의 상업적 논리와 가치 시스템을 오히려 정부기관이 내재화함에 따라 그 독립성을 상실한 상태를 일컫는다.(19) 규제 포획을 야기하는 하나의 주요한 요인은 FCC와 통신 및 케이블 산업 간의 회전문

인사이다. FCC 인사정책은 그들이 예전에 감독했던 바로 그 산업에 헌신하는 것을 수 십 년 동안 방치했다; 미디어 개혁 조직인 '자유언론'의 분석에 따르면, 1980년에서 2018년까지 FCC를 거쳐갔던 27명의 이사들과 의장 중 적어도 23명이 이 같은 이력을 밟았던 것으로 밝혀졌다.(20)

규제자와 피규제자를 구분하는 얇은 선은 이제 거의 사라졌다. 전 FCC 이사였던 마이클 콥스는 FCC를 떠난 후에도 Common Cause와 Benton 재단에서 미디어 개혁 활동가로 있다가 최근 '자유언론' 이사로 활동하는 보기 힘든 예외에 속하지만, 전 FCC 의장 마이클 포웰[1]의 행적은 그 공식을 너무나 잘 보여준다.(21) 지난 7년 동안 포웰은 가장 강력한 케이블 로비 집단인 NCTA의 총재이자 최고경영자였으며, 온갖 종류의 친통신 정책에 대한 노골적인 옹호자였다. 다른 케이스들은 훨씬 더 터무니없다. 전 FCC 이사였던 메르디쓰 앳월 베이커Meredith Atwell Baker는 NBC와 컴캐스트의 거대 합병을 승인하는 투표를 한지 불과 4개월만에 컴캐스트 로비스트가 되고자 자신의 자리를 박차고 떠났다.(22) 베이커는 지금 무선무역협회 CTIA의 수장이다.(23)

1 마이클 포웰은 1997년 클린턴 행정부 당시 FCC 위원으로 임명되어 활동하다가 2001년 부시 대통령에 의해 FCC 의장에 취임하여 2005년에 퇴임했다. 이후 지금까지 친통신 로비스트로 활동하고 있다. - 역자 주.

기업 이익에 따른 FCC의 규제 포획은 – 정부의 다른 많은 영역에 침투해 있는 현상 – 오랜 기간 폭넓은 이데올로기적, 담론적 포획에 기여하고 있다.(24) 정책담론은 기업 이익에 맞춘 정책목표로 제한되었고, 정책개발자들은 공공 미디어에 대한 보조금 지불, 공익적 책무의 부과, 기업독점과 카르텔의 트러스트 파괴와 같은 대안적 선택지를 체계적으로 누락시켰다.(25) 이런 담론은 씽크탱크, 규제기관, 심지어 학문적 연구조사에까지 침투해 있다.(26) 그같은 담론적 프레이밍은 우리 시대의 미디어 시스템을 관통하는 만성적이고 체계화된 시장실패에 기여하는 규제 철회를 – 지난 수십 년 동안 이른바 "규제완화deregulation"라고 언급된 – 정당화한다.

이와 관련된 전개양상을 "디지털 로크너주의digital Lochnerism"라 기술할 수 있다. 그러니까 미국 법률학에서 로크너Lochner 시대에 귀 기울이는 것 말이다. 1905년 동명의 소송 Lochner v. New York에서 대법원은 수정헌법 14조의 적법절차 조항due process clause과 "계약의 자유liberty of contract"에 대한 헌법적 보호 조항을 위반했다는 이유로 제빵사들의 일일 그리고 주간 최대 허용 노동시간을 정한 주 노동법을 파기했다.[2] 법원은 역

• • •

2 1905년 제과업자 조셉 로크너는 주당 60시간 상한을 규정한 뉴욕 주의 노동법을 어겨 벌금형을 선

사적으로 로크너 판결에서부터 뉴딜로 확장된 이 시기 동안 약 200여 개의 주 및 연방 법률을 무효처리했는데, 그 법률의 대부분은 최저 임금보호와 은행업 규제를 제정하여 상업적 기업 활동을 규제하려는 것이었다.(27) 따라서 로크너화 Lochnerization라는 용어는 경제적 시장자유주의를 특징으로 하는 일종의 법률 행동주의로서 적법절차 조항에 대한 편의적 해석에 따라 규제를 무효로 되돌리는 것을 일컫는다. 이런 종류의 법률적 사고는, 악명높은 Citizen United 판결에서도 명확하게 나타나는데, 기본적으로 기업에 헌법적 시민권을 부여하는 것이다.(28)

최근 인터넷의 민주적 잠재력이 직면하고 있는 특별한 이데올로기적 위협은 수잔 크로포드Susan Crawford가 "수정헌법 1조의 로크너주의First Amendment Lochnerism"라고 이름붙인, 즉 수정헌법 1조를 기업의 부정행위를 보호하는 것으로 왜곡되게 해석

• • •

고받았으나 이에 불복했다. 대법원은 이 법이 '계약의 자유'를 위배하며 헌법의 '적법절차' 조항을 준수하지 않았다는 이유로 로크너의 손을 들어줬다. 이후 적법절차 조항은 다른 경제 규제 관련 법률을 무효화하는 데 자주 인용됐다. 1929년 대공황 이후 뉴딜 정책이 시행되면서 적법절차만으로 경제 관련 법률이 위헌으로 판단되는 일이 점차 사라졌다. 하지만 적법절차 조항을 토대로 한 로크너주의적 법률해석은 20세기 초 본격적인 산업화 단계로 접어든 미국의 노동조직 운동을 약화시킴은 물론, 미국사회를 복지국가로서의 비전보다 경쟁사회로 물꼬를 트는 데 일조한 것으로 평가된다. 이 책에서 말하는 통신 독과점 체제에 대한 비판은 규제완화로 인해(다른 한편에서 보면 규제완화에도 불구하고) 실현되지 못한 진짜 경쟁사회의 부재, 그런 규제완화의 정당성으로 거론되던 낙수효과의 실패를 따져묻는 것이다. - 역자 주.

하여 그 법 조항을 거대 ISPs의 경제적 이익을 보호하는 논리로 삼는 사례이다.(29) 버라이즌은 초기 DC 순회법정 다툼에서 이와 유사한 논리를 전개했는데, 지금도 그에 필적하는 다툼이 다양한 무대에서 전개되고 있다.(30) 이전의 망 중립성 소송에서는 이런 주장을 하면 많은 사람들이 비웃었지만, 어떤 한 사람은 그것을 수용하는 것처럼 보였다. 신임 대법원 판사 브렛 카바노Brett Kavanaugh가 그 사람이다. 카바노는 2017년 DC 순회 법정 반대의견 진술에서 "수정헌법 1조는 정부가 ISPs의 편집 재량권을 제한하는 것에 빗장을 거는 것이다"라고 하면서, 자신은 인터넷 접속 사업자들이 "발언자"의 특권을 가져야 한다고 생각한다고 지적했다.(31)

이러한 기업 자유주의적 주장은 수정헌법 1조를 곡해하여 경제에서 정부 개입의 적법성을 부정하고, 그럼으로써 주 정부가 국가 커뮤니케이션 섹터를 재앙에 빠트리는 심각한 구조적 불평등에 대처하지 못하는 무기력 상태에 이르게 하는 것을 목적으로 한다. 이런 이데올로기적 시각틀을 반대하기 위해서는 주 정부의 개입에 대한 법적, 규범적 합리화가 요구된다. 가장 일반적 수준에서 그같은 정책을 합리화하기 위해서는 앞서 언급한 시장 실패와 공공재 경제 이론에서 벗어나야 한다. 또한 이러한 주장은 적극적 자유positive freedoms에 기반한 민주주의 이론, 그러니까 표현의 자유와 다양한 정보원에 접근할 수 있는 적극적 권리에 특권을 부여하는 적극적 자유의 민주주의 이론으로부터 채택되어야 한다. 이런 것들을 보장하는 것은 자유를 단순히 주 정부의 개입 부재로 보는 시장 자유론자들의 정의를 넘어서는 것이다. 시장실패와 적극적 자유에 기초하는 시각틀은 인터넷이 다른 모든 것들 위에서 독점기업의 상업적 이익에 복무할 것을 주장하는 시장 자유주의자들의 합리성의 기반을 허물어뜨린다.

파이프의 꿈과 악몽

망 중립성을 둘러싼 최근의 전쟁이 유례없는 것처럼 보일지 몰라도, 우리는 일찍이 유사한 순간들을 마주쳐 왔다.[32] 19세기와 20세기를 통틀어 전신, 라디오, 전화 등을 포함해 뉴미디어의 등장은 항상 그 소유권과 지배관할, 그리고 그것이 궁극적으로 복무코자 하는 이익에 대한 갈등을 낳았다. 우리는 다시 한 번 새로운 미디어들을 어떻게 지배할 것인가에 대한 핵심 질문에 답하기 위해, 과거를 되돌아봄으로써 미래를 도해하는 교훈을 찾고자 한다. 오늘날 우리가 가지고 있는 미디어 시스템은 – 거의 규제되지 않는 소수의 기업이 지배하는 – 불가피하게 주어진 것도 자연적으로 주어진 것도 아니다 : 그것은 정책적 투쟁의 산물이고 공익에 대한 상업적 이익의 전리품이다.

국가의 미디어 하부 기반은 기술적·정치적·사회적 격동의 시대적 합류점들을 – 역사학자들이 이따금씩 "결정적 변곡점critical junctures"라고 부르는 – 겪어 왔다.(33) 결정적 변곡점은 이전 시대의 확신과 상식적 믿음에 갑작스런 의심이 던져지고 새로운 궤적이 발생하는 역사적인 단계이다. 미국의 역사는 이들 패러다임 전환의 순간으로 점철되어 있는데, 전형적으로 풀뿌리 수준에서 발원해 점차 진보적인 정치 엘리트들 사이에서 표출된다. 이런 질주의 순간들은 급진적인 아이디어가 번성할 흔치 않은 기회의 창을 만들어낸다. 그런 분출점의 하나로 1940년대 라디오를 둘러싼 정책 투쟁이 있었고, 그 결과 미국 내 발군의 미디어들이 기업 과점으로 광범위하게 포획되고 쇠퇴했다. 넘쳐나는 광고와 저질 프로그램에 결탁한 지상파로 인해 많은 사람들이 극단적인 상업주의가 라디오의 개혁적 청사진을 망가뜨리고 있다고 느꼈다. 1940년대는 상업적 미디어 시스템에 대항해 사회민주적 대안을 건설하고자 했던 미디어 개혁운동의 흥망성쇠가 목격되던 시대였다. 개혁가들이 NBC의 해체를 압박하고 형평성의 원리Fairness Doctrine와 같은 몇몇 중요한 공익적 정책을 제도화할 수 있었지만 넓은 의미에서 이들 개혁운동은 실패했다. 그럼에도 불구하고 우리는 과거의 이런 투쟁으로부터 중요한 교훈을 찾아낼 수 있다.

우리는 다시 한 번 뉴미디어의 역사에서 아직 결정되어 있지 않은 곳에 위치해 있다. 인터넷은 그것의 민주적 약속을 수행하고 시민들에게 공론장에 참여할 힘을 부여할 것인가? 그것이 아니면 거대 기업과 1%를 위한 비누상자로 끝맺을 것인가? 미국의 역사는 사회가 지금까지 독점 하에서 고통을 겪어왔음을 - 그리고 시민들이 그들과 대적하고자 이미 일어서 있음을 - 보여준다. 만약 이런 역사가 어떤 교훈을 준다면, 그것은 우리의 미디어 시스템을 개혁하는 것이 단지 정치 엘리트에게서만 아니라 아래로부터의 지속적인 대중적 압박에 의해서일 것이라는 점이다. 그것은 또한 우리의 정부가 미디어 독점을 진지한 구조적인 방법으로 다루는 것을 막아서는 교묘하고도 이데올로기적인 가면을 일소할 것을 요구한다. 이

전 시대의 정책 전쟁은 미디어 기업이 책임있게 행동할 염치를 가지고 있지 않음을 암시한다. 그들은 그렇게 하도록, 특별히 아래로부터의 사회운동을 통해 그렇게 하도록 압력이 가해져야 한다.[34]

이들 풀뿌리 운동이 연합함에 있어 중요한 목표는 모든 인터넷 영역들을 민주화하는 것이다. 광대역망 접속에서 공공 선택지는 독점 인터넷 서비스의 힘에 도전하는 데 있어 첫 번째로 중요한 발걸음이다. 그러나 우리는 또한 다른 디지털 불공정에 대해서도 맞서야 한다. 인스타그램과 왓츠앱을 소유하고 있는 페이스북과 유튜브를 소유하고 있는 구글 같은 독점 플랫폼은 인터넷 콘텐츠에 대한 엄청난 게이트키핑 통제권을 가지고 있고, 미국과 전 세계에서 "감시 자본주의surveillance capitalism"를 – 그리고 그들의 힘은 오로지 커져가고 있을 뿐이다 – 가동하고 있다.[35] 과점 기업이 다층적인 인터넷을 포획하는 – 콘텐츠에 대한 통제, 지적 재산권, 기술적 하드웨어 등을 포함해 – 완전한 형태의 "디지털 봉건주의digital feudalism"에 대적하기 위해서는, 모든 인터넷 영역을 민주화하기 위한 다차원적인 운동과 행동주의 캠페인이 필요할 것이다.[36] 여기에는 전지구적 불평등에 맞서는 것도 포함해야 한다: 수십 억 명의 사람들이 여전히 인터넷 접속을 하지 못하고, 많은 국가의 인터넷 이용자들이 감시와 정치적 선전, 온라인 혐오표현, 그리고 여타의 불공정에 노출되어 있다.

민주적 인터넷을 위한 아래로부터의 운동이 기지개를 펴기 시작했다는 몇몇 긍정적인 신호들이 포착되고 있다. 미국의 반트러스트 전통을 부활시키고자 하는 요구는 물론 지역과 주 차원에서의 정책적 개입의 모멘텀이 모아지고 있다. 그러나 기업의 인터넷 지배에 도전하는 것은 장기적인 조직화와 엄청난 양의 풀뿌리 에너지를 요구할 것이다. 망 중립성을 진일보시킨 세력이 인터넷 독점의 구조적인 뿌리에 대항하는데 똑같은 동력이 될 런지도 확실하지 않다. 청원에서부터 FCC에 대한 대중들의 코멘트에 이르기까지 개입의 수준은 그들의 일상적 업무가 - 정책개발자들이 대중의 동의없이 그들을 대신해 결정하는 - 더 이상 견딜 수 없음을 보여준다. 조심스럽지만 이것의 민주적 전환만으로도 낙관론의 근거가 될 수 있다.

초기 미디어 개혁운동 슬로건 중 하나는 당신의 첫 번째 정치적 이슈가 무엇이든간에 미디어 개혁은 당신의 두 번째 것이어야 한다는 것이었다. 대항적 정치 운동은 대중의 지지를 얻기 위해 개방형 미디어 시스템을 요구한다. 망 중립성이 없다면, 기업의 검열은 운동의 성장을 위해 필요한 대중적 지지를 빼앗아갈 가능성이 더 클 것이다. 하지만 개입하는 대중은 기업 자유주의를 되돌리도록 조직화할 수 있고, 종국에는 사회적 정의에 입각해 운용되는 미디어를 건설할 수 있다. 이 전쟁이 어떻게 풀려갈지에 따라 아둔한 상업주의에 눈이 팔려 그 강력한 잠재력을 탕진했던 앞 시대의 커뮤니케이션 하부기반 경로를 우리 시대도 답습할지 어떨지, 그렇지 않으면 마침내 민주적 약속에 부합하는 미디어 시스템을 만들기 시작할지 어떨지를 결정할 것이다.

망 중립성 타임라인

· 2002년 3월 14일: 공화당에서 임명한 FCC 의장 마이클 포웰 Michael Powell 체제 하에서 FCC가 케이블 선을 통해 제공되는 인터넷 접속을 "정보 서비스"로 재분류하다.

· 2002년 6월: 팀 우Tim Wu가 짤막한 정책 메모 형식으로 망 중립성이라는 용어를 조어해내다. 이듬해 우는 Journal on Telecommunication and High Technology Law 2에서 창의적인 그의 논문 Network Neutrality, Broadband Discrimination2003: 23-68으로 그 개념을 확장한다.

· 2003년 10월 6일: 9차 순회항소법원이 케이블 회사컴캐스트와 타임워너 같은로 하여금 독립 ISPsEarthlink와 Brand X와 같은에게 그들의 네트워크로 접속하는 것을 판매하도록 판결하다.

· 2005년 6월 27일: 대법원이 National Cable & Telecommunication Association v. Brand X Internet Service 소송에서 ISPs에 유리한 결정을 내리다. 그 결정은 독점

전화회사가 그들의 라인을 독립 ISPs에게 임차하도록 하는 개방형 접근open access 정책을 발효시킨다.

· 2007년 2월: 전직 소프트웨어 품질 엔지니어인 롭 토폴스키Robb Topolski가 컴캐스트가 P2P 파일 공유 서비스인 비트토렌트BitTorrent의 트래픽을 막고 속도를 저하시키고 있다는 것을 발견하다.

· 2008년 8월 1일: FCC가 비트토렌트의 트래픽을 막고 속도를 저하시킨 컴캐스트를 제재하다. 광대역 사업자가 망 중립성을 어긴 것에 대해 FCC가 견책을 가한 최초의 사건으로 기록된다.

· 2010년 4월 6일: 미국 D.C. 순회법정 항소법원이 FCC가 망 중립성을 강제할 규제권한을 가지고 있지 않음을 판결하다.

· 2010년 11월 21일: FCC가 ISPs가 소비자가 인터넷에서 콘텐츠에 접속하는 것을 막거나 속도를 저하시키는 것을 금지하는 개방형 인터넷 질서Open Internet Order를 천명하지만, ISPs가 특정 콘텐츠 제공자들을 위한 빠른 접속라인을 만들 수 있는 여지를 둔다.

· 2014년 1월 14일: 미국 D. C. 순회법정 항소법원이 FCC의 · 2010

년 개방형 인터넷 질서의 대부분을 좁은 관할권을 근거로 폐기하다.

- 2015년 2월 26일: 톰 휠러Tom Wheeler 의장이 이끄는 FCC가 광대역 인터넷을 타이틀 II 통신 서비스로 재분류하는 것을 통해 강력한 망 중립성 보호방안을 제도화하고자 하는 투표를 하다.
- 2016년 6월 14일: 미국 D.C. 순회법정 항소법원이 새로운 개방형 인터넷 질서를 확정짓다.
- 2017년 11월 4일: 아짓 파이Ajit Pai 의장 체제 하에서 FCC가 인터넷 자유 질서Internet Freedom Order 복구를 승인하는 투표를 하다. 이로써 2015년의 FCC에 의해 시행한 망 중립성 규제를 철회한다.

미주

프롤로그

1. Jon Brodkin, "Verizon Throttled Fire Department's 'Unlimited' Data during Calif. Wildfire," Ars Technica, August 21, 2018, https://arstechnica.com/tech-policy/2018/08/verizon-throttled-fire-departments-unlimited-data-during-calif-wildfire/.

2. Initially the net neutrality debate was largely confined to academia and industry. Within academia, the most prominent battle was fought between Tim Wu, a vocal proponent of net neutrality and progenitor of the term, and Christopher Yoo, one of the most influential skeptics of net neutrality. See, for example, Tim Wu and Christopher Yoo Debate," *Federal Communications Law Journal* 59, no. 3 (2007): 575-92.

3. Jerome H. Saltzer, David P. Reed, and David D. Clark, "End-to End Arguments in System Design," ACM *Transactions on Computer Systems* (TOCS) 2, no. 4 (1984): 277–88.

4. Roxanda Elliott, "How Page Load Time Affects Bounce Rate and Page Views," *Section. Io*, August 10, 2017, https://www.section .io/blog/page-load-time-bounce-rate/. See also Daniel An and Pat Meenan, "Why Marketers Should Care about Mobile Page google.com/marketing-resources! Once-design/mobile Speed," *Think with Google*,

July 2016, https://www.thinkwith-page-speed-load-time/.

5. Given that net neutrality has evolved into one of the most contentious public policy debates in the history of American telecommunications, the relative dearth of in-depth book-length studies about the subject is somewhat surprising. Dawn C. Nunziato's book *Virtual Freedom: Net Neutrality and Free Speech in the Internet Age* (Stanford: Stanford University Press, 2009) discusses the manifold threats to free speech online emanatingfrom the private sector, including internet service providers as well as other powerful private conduits of online expression such as Google. Another exception is Zack Stiegler's edited volume *Regulating the Web: Network Neutrality and the Fate of the Open Internet* (Lanham, MD: Lexington Books, 2013), which features the history, politics, and ideologies animating the net neutrality debate. Other key books often associated with the net neutrality debate actually deal only tangentially with the issue but provide critical political and economic context. For example, Susan Crawford's excellent *Captive Audience: The Telecom In dustry and Monopoly Power in the New Gilded Age* (New Haven: Yale University Press, 2004) provides a rigorous history of how today's telecommunications monopolies came into being. Longtime net neutrality advocate Marvin Ammori has written a short e-book on the subject titled On Internet Freedom (Elkat Books, 2013). There is also a growing body of scholarship about net neutrality in academic journals, including two special issues devoted to net neutrality in the *International Journal of Communication*, published in 2007 and 2016. For an early article linking net neutrality and the history of common carrier regulations, see Christian Sandvig, "Network Neutrality Is the

New Common Carriage," Info: *The Journal of Policy, Regulation, and Strategy* 9, nos. 2–3 (2006): 136–47. For an early article advocating for a bolder policy vision beyond net neutrality, see Sascha Meinrath and Victor Pickard, "The New Network Neutrality: Criteria for Internet Freedom," *International Journal of Communication Law and Policy* 12 (2008): 225–43. For an excellent overview of the history of net neutrality, see Harold Feld, "The History of Net Neutrality in 13 Years of Tales of the Sausage Factory (with a Few Additions)," *Wet Machine*, January 10, 2018, https://wetmachine.com/tales-of-the-sausage-factory/the-history-of-net-neutrality-in-13-years-of-tales-of-the-sausage-factory-with-a-few-additions-part-i/.

6. The dominant business-oriented approach to net neutrality is evident both in books that support net neutrality, including Barbara van Schewick's *Internet Architecture and Innovation* (Cambridge, MA: MIT Press, 2012) and Tim Wu's *The Master Switch: The Rise and Fall of Information Empires* (New York: Knopf, 2011), and works that oppose it, such as Thomas Hazlett's *The Fallacy of Net Neutrality* (New York: Encounter Books, 2011)

7. A great exception to this tendency is the work by media scholar Russell Newman, who carefully situates the net neutrality debate within a much wider historical and political economic context. See Russell Newman, *The Paradoxes of Network Neutralities* (Cambridge, MA: MIT Press, forthcoming).

1. 커뮤니케이션 하부 기반의 소유권과 통제를 위한 전쟁

1. These ideological positions are in Victor Pickard, *America's Battle for Media Democracy: The Triumph of Corporate Libertarianism and the Future of Media Reform* (New York: Cambridge University Press, 2015).

2. For an excellent overview of this early history of the internet and its privatization, see Ben Tarnoff, "The Internet Should Be a Public Good," Jacobin, August 31, 2016, https://www.jacobinmag.com/2016/08/internet-public-dns-privatization-icann-netflix/. For an authoritative history of the creation of the internet, see Janet Abbate. *Inventing the Internet* (Cambridge, MA: MIT Press, 1999). See also Dan Schiller, *Digital Capitalism*: Networking the Global Market System (Cambridge, MA: MIT Press, 1999).

3. These figures are from Rajiv C. Shah and Jay P. Kesan, "The Privatization of the Internet's Backbone Network." *Journal of Broadcasting & Electronic Media* 51, no. 1 (2007): 93–109.

4. Robert McChesney, "Between Cambridge and Palo Alto," *Catalyst* 2, no. 1 (2018), https://catalyst-journal.com/voi2/noi/between-cambridge-and-palo-alto.

5. Tim Wu, "A Proposal for Network Neutrality," June 2002, http://www.timwu.org/OriginalNN Proposal.pdf.

6. For a magisterial history of U.S. postal policy, see Richard R. John, *Spreading the News: The American Postal System from Franklin to Morse*

(Cambridge, MA: Harvard University Press, 1995).

7. For authoritative histories of American telecommcations, see Richard R. John, *Network Nation: Inventing American Telecommunications* (Cambridge, MA: Harvard University Press, 2010) and Robert MacDougall, *The People's Network: The Political Economy of the Telephone in the Gilded Age* (Philadelphia: University of Pennsylvania Press, 2014). MacDougall's book also looks at Canadian telecommunications history. Both books take advantage of an SBC archive based in San Antonio that opened up in the early 2000s. Access to these new materials has shifted the historiography by complicating AT&T-centric historical narratives. For an excellent social history of American telecommunications, see Dan Schiller's forthcoming book *From Post Office to Internet: The Missing History of US Telecommunications.*

8. John, *Network Nation*, 170-99.

9. Paul Starr, *The Creation of the Media* (New York: Basic Books, 2004). 189. Parts of this historical analysis draw from Meinrath and Pickard, "The New Network Neutrality" 225-43. See also Sascha Meinrath and Victor Pickard, "Transcending Net Neutrality. Ten Steps toward an Open Internet," *Journal of Internet Law* 12, no. 6 (2008): 1, 12–21.

10. *Schiller, From Post Office to Internet.*

11. MacDougall, The People's Network, 94-101. Another important telephone-related popular movement was the public uprising around

the rechartering of the Chicago Telephone Company's franchise agreement in 1907. See John, *Network Nation*, 327-39.

12. MacDougall, *The People's Network*, 132-73; Starr, *The Creation of the Media*, 193.

13. Start, *The Creation of the Media*, 201–2.

14. MacDougall, *The People's Network*, 1–18.

15. John, *Network Nation*, 263-68. See also MacDougall, *The People's Network*, 174 and Schiller, *From Post Office to Internet.*

16. For an excellent treatment of this historical struggle and its outcomes, see John, *Network Nation*, 370-406.

17. Richard John points out that the name of the antitrust suit's resolution is more accurately the McReynolds settlement. See *Network Nation*, 359–63.

18. John, *Network Nation.* See also Schiller, *From Post Office to Internet.*

19. Network effects refers to how a network's value grows as its membership increases, thus creating a kind of path dependency that is difficult to reverse as it becomes increasingly irrational for new members to join smaller networks.

20. AT&T held a near monopoly over the domestic telephone service; by the end of 1933, AT&T owned almost 94 percent of the nation's 82,086,828 total miles of wire, produced over 87 percent of the

15,400,000 telephones in the country, and employed nearly 90 percent of all telephone workers. See *Economic Notes* (New York: Labor Research Association), May 1935, 8.

21. Dan Schiller, "The Hidden History of US Public Service Tele communications, 1919-1956," *Info* 9, nos. 2–3 (2007): 18.

22. For an early history of the FCC and radio broadcasting that documents how the medium became so commercialized from its inception, see Robert McChesney, *Telecommunications, Mass Media & Democracy The Battle for the Control of U.S. Broadcasting*, 1928–1935 (New York: Oxford University Press, 1993).

23. Quoted in Pickard, *America's Battle for Media* Democracy, 38.

24. Communications Act, 47 U.S.C. 5 201(b)

25. Communications Act, 47 U.S.C. $ 202(a) I thank Kevin Taglang for pointing out these quotes.

26. For more details regarding the Walker Report, see Victor Pickard, "A Giant Besieged: AT&T, an Activist FCC, and Contestation in Corporate-State Relations, 1935–1939" (paper presented at the Union for Democratic Communications, St. Louis, April 22-25, 2004). For an earlier muckraking account, see N. R. Danielian, AT&T: *The Story of Industrial Conquest* (New York: Vanguard, 1939).

27. "$750,000 Fund for A.T. & T. Investigation Wins the Approval of Senate Committee," *New York Times*, February 6, 1935, 29;

"Roosevelt Orders Telephone Inquiry," New York Times, March 16, 1935, 21.

28. Robert Britt Horwitz, *The Irony of Regulatory Reform* (New York: Oxford University Press, 1989), 137.

29. *Economic* Notes (New York: Labor Research Association), July 1939, 10.

30. For a discussion of natural monopolies, see Eli Noam, "Is Cable Television a Natural Monopoly?" *Communications: International Journal of Communications Research* 9, nos. 2–3 (1984): 241–59; Robert Babe, *Telecommunications in Canada* (Toronto: University of Toronto Press, 1990), 137–50; C. Edwin Baker, *Media, Markets, and Democracy* (Cambridge: Cambridge University Press, 2001), 35; Crawford, *Captive Audience*, 37–38.

31. Start points out that although an 1894 Supreme Court case established nondiscrimination, it was only in 1910 that Congress amended the Interstate Commerce Act to unambiguously define telephone and telegraph companies as common carriers. See Starr, *The Creation of the Media*, 188.

32. Milton Mueller and other revisionist historians have pointed out that a self-interested AT&T happily embraced the idea of "universal service" to argue that only one system under one regulatory regime was needed. The phrase itself became a kind of public relations slogan for the Bell system. See Milton Mueller, "The Telephone War:

Interconnection, Competition, and Monopoly in the Making of Universal Telephone Service" (PhD diss., University of Pennsylvania, 1989), 160. See generally John, *Network Nation*. 340–69.

33. For a comprehensive scholarly analysis, see Robert Cannon, "The Legacy of the Federal Communications Commission's Computer Inquiries," *Federal Communications Law Journal* 55. no. 2 (2002): 167–206. For a discussion of how the FCC's Computer Inquiries relate to net neutrality, see Becky Lentz, "Excavating Historicity in the U.S. Network Neutrality Debate: An Interpretive Perspective on Policy Change," *Communication, Culture & Critique* 6, no. 4 (2013): 568-97.

34. These examples are used in Robinson Meyer, "Antonin Scalia Totally Gets Net Neutrality," Atlantic, May 16, 2014, https:/wwwtheatlantic.com/technology/archive/2014/05/net-neutralitys-little-known-hero-antonin-scalia/361315/.

35. We thank Dan Schiller for sharing this analysis with us. He discusses this history in Dan Schiller, *Telematics and Government* (Norwood, NJ: Ablex, 1982), 22-41.

36. S. Derek Turner of Free Press argues that the Telecom Act, to the extent that it engaged with the internet, actually held some pro-competition initiatives, but industry lobbyists were able to prevent them from ever being actualized. See *Changing Media: Public Interest Policies for the Digital Age* (Wmashington, DC: Free Press, 2009).

37. Parts of this section draw from Victor Pickard and Pawel Popiel, "The Media Democracy Agenda: The Strategy and Legacy of FCC Commissioner Michael J. Copps," Evanston, IL: Benton Foundation, 2018

38. Michael Copps, "Dissenting Statement of Commissioner Michael J. Copps, in the Matter of Inquiry concerning HighSpeed Access to the Internet over Cable and Other Facilities Internet over Cable Declaratory Order Proceeding Appropriate Regulatory Treatment for Broadband Access to the Internet over Cable Facilities GN No. 00-185." 2002, https://transition.fcc.gov/Speeches/Copps/Statements/2002/stmjc210.html.

39. Christopher Stern, "FCC Gives Cable Firms Net Rights," *Washington Post,* March 15, 2002.

40. Michael Copps, "Remarks of Michael J. Copps, Federal Communications Commissioner: 'The Beginning of the End of the Internet? Discrimination, Closed Networks, and the Future of Cyberspace,'" New America Foundation, Washington, DC, October 9, 2003, https://docs.fcc.gov/public/attachments/DOC-239800A1.pdf.

41. Ted Hearn, "Cable-Modem Appeal Denied by Ninth Circuit," *Multichannel News,* April 1, 2004, https://www.multichannel.com/news/cable-modem-appeal-denied-ninth-circuit-270836.

42. For a discussion of this decision, particularly how its aftermath played

out on Capitol Hill, see Victor Pickard, "After Net Neutrality," *LSE Media Policy Project*, July 18, 2016, http://blogs.lse.ac.uk/mediapolicyproject/2016/07/18/after-net-neutrality/.

43. National Cable & Telecommunications v. Brand X Internet Services, 545 U.S. 967 (2005).

44. Michael Copps, "Concurring Statement of Commissioner Michael J. Copps Re: Preserving the Open Internet, GN Docket No. 09-191, Broadband Industry Practices, WC Docket No. 07-52," 2010; Federal Communications Commission, Policy Statement, "Appropriate Framework for Broadband Access to the Internet over Wireline Facilities," CC Docket No. 05-151, 2005, https://docs.fcc.gov/public/attachments/FCC-05-15IA1.pdf.

45. Robert McDowell, "Who Should Solve This Internet Crisis?" *Washington Post*, July 28, 2008. Some anti-net neutrality activists tried to cast net neutrality as a government intrusion. Leading libertarian policy analyst Adam D. Thierer referred to net neutrality as "a fairness doctrine for the internet" in his work "A Fairness Doctrine for the Internet," *City Journal*, October 18, 2007, https://www.city-journal.org/html/fairness-doctrine-internet-10315.html.

46. Craig Aaron, "Cracking Down on Comcast," *Guardian*, July 16, 2008, https://www.theguardian.com/commentisfree/2008/jul/16/internet cablewirelessbusiness.

47. Karl Bode, "Comcast Responds to Traffic Shaping Accusations," DSL

Reports, August 21, 2007, http://www.dslreports.com/shownews/Comcast-Responds-To-Traffic-Shaping-Accusations-86816.

48. Dan Frommer, "Comcast's Supporters at FCC Meeting: Paid, Asleep," *Business Insider*, February 26, 2008, https://www.businessinsider.com/2008/2/comcasts-supporters-at-fcc-meeting-paid-sleeping-strangers.

49. Broadband Industry Practices, Petition of Press et al. for Declaratory Ruling That Degrading an Internet Application Violates the FCC's Internet Policy Statement and Does Not Meet an Exception for "Reasonable Network Management, WC Docket No. 07-52; *Memorandum Opinion and Order*, FCC 08-183 (August 1, 2008).

50. Comcast Corp. v. FCC, 600 F.3d 642 (DC Cir. 2010).

51. Quoted in Cecilia Kang, "FCC's Copps: Net Neutrality Requires Reclassification of Broadband," *Washington Post*, December 3, 2010, http://voices.washingtonpost.com/posttech/2010/12/fccs_copps_net_neutrality_requ.html.

52. Michael Copps, "Statement of Commissioner Michael J. Copps on Chairman Genachowskis Announcement to Reclassify Broadband," *Federal Communications Commission*, May 6, 2010, https://docs.fcc.gov/public/attachments/DOC-297946A1.pdf.

53. Verizon v. FCC, 740 F.3d 623 (DC Cir. 2014). The Open Internet Order, issued shortly after the Comcast decision, had endeavored to protect net neutrality by requiring transparency and prohibiting

blocking and unreasonable discrimination by ISPs.

54. Edward Wyatt, "F.C.C., in a Shift, Backs Fast Lanes for Web Traffic," *New York Times*, April 23, 2014, https://www.nytimes.com/2014/04/24/technology/fcc-new-net-neutrality-rules.html.

55. Marvin Ammori, "The Case for Net Neutrality: What's Wrong with Obama's Internet Policy," *Foreign Affairs*, June 16, 2014, https://www.foreignaffairs.com/articles/united-states/2014-06-16/case-net-neutrality.

56. Michael Copps, "The Biggest FCC Vote Ever," *Benton Foundation*, January 6, 2015, https://www.benton.org/blog/biggest-fcc-vote-ever. soutos

57. Jose Pagliery, "AT&T: We're Going to Sue the Government." CNN *Business*, February 4, 2015, https://money.cnn.com/2015[02/04/technology/att-fcc-letter/. The NCTA, CTIA, American Cable Association, and USTelecom also sued to overturn the FCC's decision.

58. Cecilia Kang, "Court Backs Rules Treating Internet as Utility, Not Luxury," New *York Times*. June 14, 2016, https://www.nytimes.com/2016/06/15/technology/net-neutrality-fcc-appeals-court-ruling.html.

59. This historic turn is discussed in Victor Pickard, "It's Not Too Late to Save Net Neutrality from a Captured FCC." *Nation*, May 5, 2017, https://www.thenation.com/article/its-not-too-late-to-save-net-

neutrality-from-a-captured-fcc/.

60. Jim Puzzanghera, "Trump Names New FCC Chairman: Ajit Pai, Who Wants to Take a Weed Whacker' to Net Neutrality," *Los Angeles Times*, January 23, 2017, http://www.latimes.com/business/la-fi-pai-fcc-chairman-20170123-story.html.

61. Cecilia Kang, "F.C.C. Chairman Pushes Sweeping Changes to Net Neutrality Rules," *New York Times*, April 26, 2017, https://www.nytimes.com/2017/04/26/technology/net-neutrality.html.

62. Kaleigh Rogers, "99.7 Percent of Unique FCC Comments Favored Net Neutrality," *Motherboard*, October 15, 2018, https://motherboard.vice.com/en_us/article/3kmedj/997-percent of-unique-foc-comments-favored-net-neutrality.

63. Dell Cameron, "FCC Emails Show Agency Spread Bolster Dubious DDoS Attack Claims," *Gizmodo*, June 5, 2018, https://gizmodo.com/fcc-emails-shop.spread-lies-to-bolster-dubious-d-1826535344.

64. FCC, "FCC Releases Restoring Internet Freedom Order," December 14, 2017, https://www.fcc.gov/document/fcc-releases-restoring-internet-freedom-order.

65. This is documented in Meinrath and Pickard, "The New Network Neutrality." See Meinrath and Pickard, "Transcending Net Neutrality."

66. Nunziato, *Virtual Freedom*, 5-6

67. Nunziato, *Virtual Freedom*, 7.

68. Geoff Boucher, "AT&T: Pearl Jam Mute a 'Mistake,'" *Los Angeles Times*, August 10, 2007, http://articles.latimes.com/2007/aug/10/entertainment/et-quickio.s3.

69. Timothy Karr, "Net Neutrality Violations: A Brief History," *Free Press*, January 24, 2018, https://www.freepress.net/our-response / expert-analysis/explainers/net-neutrality-violations-brief-history.

2. 광대역의 카르텔

1. Thomas Streeter, *The Net Effect: Romanticism, Capitalism, and the Internet,* Critical Cultural Communication (New York: New York University Press, 2011), 106-15; Megan Sapnar Ankerson, *Dot-Com Design: The Rise of a Usable, Social, Commercial Web,* Critical Cultural Communication (New York: New York University Press, 2018).

2. White House, "The Framework for Global Electronic Commerce," July 1, 1997, https://clintonwhitehouse4. WH/New/Commerce/read. html.

3. "How the Internet Killed the Phone Economist, September 15, 2005, https://www.economist.com/leaders/2005/09/15/how-the-internet-killed-the-phone-business.

4. Reza Dibadj, "Competitive Debacle in Local Telephony: Is the 1996 Telecommunications Act to Blame?" *Washington University Law Review* 81, no. 1 (2003): 14–15.

5. Tom Downes and Shane Greenstein, "Universal Access and Local Internet Markets in the US," *Research Policy* 31, no. 7(2002): 1035–52.

6. See Yochai Benkler et al., "Next Generation Connectivity: A Review of Broadband Internet Transitions and Policy from around the World." This 2010 report was commissioned by the FCC and conducted by a team of researchers led by Yochai Benkler at the Berkman Center for Internet & Society at Harvard University.

7. See Rob Frieden, "Lessons from Broadband Development in Canada, Japan, Korea and the United States," *Telecommunications policy* 29, no. 8 (2005): 602.

8. Mark Cooper, "Open Communications Platforms: The Physical Infrastructure as the Bedrock of Innovation and Democratic Discourse in the Internet Age," *Journal on Telecommunications and High Technology Law* 2 (2003): 223.

9. We defer to the Federal Communications Commission's current standard for what constitutes broadband internet: a minimum download speed of at least twenty-five Mbps and a minimum upload speed of at least three Mbps. See Federal Communications Commission, "Internet Access Services: Status as of June 30, 2017." Washington, DC: November 2038, https://docs.fcc.gov/pubMts/

DOC-355166AI.pdf.

10. Adam D. Thierer and Clyde Wayne, *What's Yours Is Mine: Open Access and the Rise of Infrastructure Socialism* (Washington, DC: Cato Institute, 2003).

11. Ted Hearn, "Powell: 'Scream' at Forced Access," *Multichannel*, October 26, 2001, https://www.multichannel.com/news/powell-scream-forced-access-155848.

12. Jonathan E. Nuechterlein and Philip J. Weise *Digital Crossroads: Telecommunications Law and Policy in the Internet Age* (Cambridge, MA: MIT Press, 2013). 418.

13. See Tim Wu, "Wireless Carterfone," *International Journal of Communication* 1 (2007): 389-426.

14. This often-neglected policy history is discussed in John Berg mayer, "We Need Title II Protections in the Uncompetitive Broadband Market," *Public Knowledge*, April 26, 2017, https://www.publicknowledge.org/news-blog/blogs/we-need-title-ii-protections-in-the-uncompetitive-broadband-market.

15. Amitai Etzioni, *Moral Dimension: Toward a New Economics* (New York: Free Press, 1988), 218.

16. Tim Wu, *The Attention Merchants: The Epic Scramble to Get inside Our Heads* (New York: Knopf, 2016).

17. Ben H. Bagdikian, *The New Media Monopoly* (Boston: Beacon, 2004), 137-38.

18. Andrew Jay Schwartzmann, Cheryl A. Leanza, and Harold Feld, "The Legal Case for Diversity in Broadcast Ownership," in *The Future of Media: Resistance and Reform in the 21st Century*, ed. Robert W. McChesney, Russell Newman, and Scott (New York: Seven Stories, 2005), 149-50.

19. Rani Molla, "A Merged T-Mobile and Will Still Be Smaller Than AT&T or Verizon," Recode, April 30, 2018, https://www.recode.net/2018/4/30/17300652/tmobile-sprint-att-verizon-merger-wireless-subscriber-chart.

20. Crawford, *Captive Audience*, 16.

21. Hannah Trostle and Christopher Mitchell, "Profiles of Monopoly: Big Cable & Telecom," Minneapolis: Institute for Local Self Reliance, July 31, 2018, s://ilsr.org/monopoly-networks/.

22. Wu, *The Master Switch*, 247.

23. Rob Bluey, "Q&A: FCC Chairman Ajit Pai on Repealing Obama's Net Neutrality Rules," *Daily Signal*. November 21, 2017, https://www.dailysignal.com/2017/11/21/qa-fcc-chairman-explains-hes-ending-obamas-heavy-handed-internet-regulations/.

24. Adam Smith, *The Wealth of Nations: Books I–III*, ed. Andrew S.Skinner (London: Penguin Books, 1999), 232.

25. Quoted in Mark Cooper, *Media Ownership and Democracy in the Digital Information Age: Promoting Diversity with First Amend-ment Principles and Market Structure Analysis* (Stanford, CA: Center for Internet & Society, Stanford Law School, 2003), 114.

26. Robert McChesney discusses the "ISP cartel" in *Digital Disconnect: How Capitalism Is Turning the Internet against Democracy* (New York: New Press, 2013), 115-19. See also Robert McChesney "Be Realistic, Demand the Impossible: Three Radically Democratic Interet Policies," in *The Future of Internet Policy*, ed. Peter Decherney and Victor Pickard (New York: Routledge, 2016), 40-41.

27. Jon Brodkin, "Comcast Says It's Too Expensive to against Other Cable Companies," *Ars Technica*, September 24, 2014, https://arstechnica.com/information-technology/2014/09/comcast-says-its-too-expensive-to-compete-against-other-cable-companies/. For a political and economic history of Comcast's rise to power, see Lee McGuigan and Victor Pickard, "The Political Economy of Comcast," in *Global Media Giants*, ed. Ben Birkinbine, Rodrigo Gómez García, and Janet Wasko(New York: Routledge, 2016), 72–91.

28. Trostle and Mitchell, "Profiles of Monopoly."

29. Susan Crawford, "The Looming Cable Monopoly," *Yale Law & Policy Review*, June 1, 2010, https://ylpr.yale.edu/inter_alialooming-cable-monopoly.

30. Cynthia Littleton, "Charter to Become Second-Largest Cable

Operator in Divestiture Pact with Comcast." *Variety*, April 28, 2014, https://variety.com/2014/tv/news/charter-to-become-second-largest-cable-operator-in-divestiture-pact-with-comcast-1201165594/

31. Philip J. Reny and Michael A. Williams, "The Deterrent Effect of Cable System Clustering on Overbuilders: An Economic Analysis of *Behrend v. Comcast*," *Economics Bulletin* 35, no. I(2015): 519-27.

32. Roger Cheng, "Verizon to End Rollout of Fios." *Wall Street Journal*, March 30, 2010, http://www.wsj.com/articles/SB 10001424052702 303410404575151773432729614.

33. Nathan Ingraham, "Verizon Wireless Partnership with Comcast Sets Up Potential Conflicts with Fios." *Verge*, January 31, 2012, https://www.theverge.com/2012/1/31/2761023/verizon-wireless-comcast-partnership-fios-xfinity-conflict.

34. Federal Communications Commission, "Internet Access Services: Status as of December 31, 2016," 6.

35. "A Third of U.S. Households Have Three or More Smartphones," *Pew Research Center*, May 25, 2017, http://www.pewresearch.org/fact-tank/2017/05/25/a-third-of-americans-live-in-a-household-with-three-or-more-smartphones/.

36. "OECD Fixed Broadband Basket, High User," Organisation for Economic Co-operation and Development, June 2017, http://www.oecd.org/sti/broadband/4.10.FBB-High_2017.xls.

37. "State of the Internet Q1 2017," Akamai, 2017, https://www.akamai.com/fr/fr/multimedia/documents/state-of-the-internet/q1-2017-state-of-the-internet-connectivity-report pdf.

38. Susan Crawford, *Fiber: The Coming Tech Revolution—and Why America Might Miss It* (New Haven, CT: Yale University Press, 2018), 39.

39. Nick Russo et al., "The Cost of Connectivity 2014," Washington, DC: New America Foundation, October 2014, https://www.newamerica.org/oti/policy-papers/the-cost-of-connectivity

40. "OECD Fixed Broadband Basket, High User."

41. Benkler et al., "Next Generation Connectivity": Christopher T. Marsden, "Comparative Case Studies in Implementing Net Neutrality: A Critical Analysis of Zero Rating," SCRIPTed 13, no. 1 (May 2016): 1–39.

42. Timothy Karr, "Net Neutrality Violations: A Brief History," *Free Press*, January 24, 2018, https://www.freepress.net/our-response/expert-analysis/explainers/net-neutrality-violations-brief-history.

43. See, for example, Shalini Ramachandran, -Cutting: Cable's Offer You Can't Refuse," *Wall Street Journal*, November 13, 2012, https://www.wsj.com/articles/SB10001424127887324735045781095136609891 32. Most egregiously, in 2013 Time Warner generated a 97 percent profit margin on high-speed internet. This was revealed by Bruce Kushnick in "Time Warner Cable's 97 Percent Profit Margin on

High-Speed Internet Service Exposed," *Huffington Post*, February 2, 2015, https://www.huffingtonpost.com/bruce-kushnick/time-warner-cables-97-pro_b_6591916.html.

44. Susan Crawford and Ben Scott, "Be Careful What You Wish For: Why Europe Should Avoid the Mistakes of US Internet Access Policy," Berlin: Stiftung Neue Verantwortung, June 2015. https://www.stiftung-nv.de/sites/default/files/us-eu.internet.access.policy.pdf.

45. Charter Communications, "Charter Announces Fourth Quarter and Full Year 2017 Results," February 2, 2018, https://news room.charter.com/press-releases/charter-announces-fourth-quarter-and-full-year-2017-results/.

46. Martin Baccardax, "Comcast Tops Q4 Profit Estimates, Boosts Dividend and Stock Buyback Plans," *The Street*, January 24, 2018, https://www.thestreet.com/story/14460395/1/comcast-tops-94-earnings-estimates-boosts-dividend-and-buyback-plans.html. For a broader economic history of Comcast, see McGuigan and Pickard, "The Political Economy of Comcast."

3. 망 중립성 운동의 조직

1. Josh Breitbart, "You Can't Be Moving on a Neutral Train," *Civil*

Defense, April 19, 2006, https://breitbart.wordpress.com/2006 /04/19/ you-cant-be-moving-on-a-neutral-train/; Arianna Huffington, "Net Neutrality': Why Are the Bad Guys So Much Better at Naming Things?" *Huffington Post*, May 3, 2006, https://www.huffingtonpost.com/arianna-huffington/net-neutrality-why-are-th_b_20311.html.

2. Ken Fisher, "Poll: Americans Don't Want Net Neutrality (or Maybe They Don't Know What It Is)," *Ars Technica*, September 18, 2008, https://arstechnica.com/tech-policy/2006/09/7772/.

3. Robert D. Atkinson, Daniel Castro, and Alan McQuinn, "How Tech Populism Is Undermining Innovation," Information Technology and Innovation Foundation, April 2015, 1, https://itif.org/publications/2015/04/01/how-tech-populism-undermining-innovation. For a more in-depth analysis of the convergence of populist political logics and policy, see Danny Kimball, "Wonkish Populism in Media Advocacy and Net Neutrality Policy Making," International Journal of Communication 10 (2016): 5949-68.

4. Arshad Mohammed, "SBC Head Ignites Access Debate," *Washington Post*, November 4, 2005, http://www.washingtonpost.com/wp-dyn/content/article/2005/11/03/AR2005110302211.html.

5. In the spirit of full disclosure, one of the authors, Victor Pickard, worked at Free Press in 2009 and now sits on the organization's board.

6. Robert D. Atkinson and Philip J. Weiser, "A Third on Network Neutrality," *New Atlantis: A Journal of 1 & Society* (Summer 2006): 50.

7. Jeffrey A. Hart, "The Net Neutrality Debate in the United States," *Journal of Information Technology & Politics* 8, no. 4 (2011): 425.

8. "Building the Internet Toll Road, *Wired*, February 26, 2006, https://www.wired.com/2006/02/building-the-internet-toll-road/. For a discussion about Free Press and Save the Internet coalition, see The Communicators, "Ben Scott on Net Neutrality," C-SPAN, 2007, https://www.youtube.com/watch?v=ladtEC-G7pU.

9. Ernesto Laclau, *On Populist Reason* (London: Verso, 2005), 117.

10. *Save the Internet! Independence* Day, 2006, https://www.youtube.com/watch?v=cWtoXUocViE. At the various points throughout the net neutrality saga, industry groups would fund "astroturf" organizations to help create the perception of popular agitation against net neutrality. One of the earliest of these was called Hands Off the Internet. See Meinrath and Pickard, "The New Network Neutrality." 227.

11. "Your Own Personal Internet," *Wired*, June 30, 2006, https://www.wired.com/2006/06/your-own-person/. Bill Herman, an intern at Public Knowledge, was the person responsible for the original recording of Senator Stevens's rant.

12. *The Daily Show* with Jon Stewart, "Headlines-Internet," Comedy Central video clip, July 2006 http://www.cc.com/video-clips/uorore/the-daily-show-with-jon-stewart-headlines-internet.

13. "Sen. Ted Stevens-Alaska," Open Secrets, accessed October 28, 2018,

https://www.opensecrets.org/members-of-congress/contributors?cid =Noo007997&cycle=2008&type=C.

14. Peter Dahlgren, *The Political Web: Media, Participation and Alternative Democracy* (Basingstoke, UK: *2013), 139.*

15. Quoted in Christopher T. Marsden, *Net Neutrality: Towards a Coregulatory Solution* (London: Bloomsbury Academic, 2010), 1.

16. Nancy Scola and Alex Byers, "FCC's Win Cements Obama's Internet Legacy," *Politico*, June 14, 2016, https://politi.co/2TSdgaL.

17. "Google-Verizon Pact Worse Than Feared," *Free Press*, August 9, 2010, https://www.freepress.net/news/press-releases/google-verizon-pact-worse-feared.

18. Marvin Ammori, "Google-Verizon Pact: Makes BP Look Good," *Huffington Post*, August 10, 2010, https://www.huffingtonpost.com/marvin-ammori/google-verizon-pact-makes_b_677296.html.

19. Sergey Brin, "Search Engines, Technology, and Business" (lecture delivered at the University of California, Berkeley, October3, 2005).

20. "Techies Score Victory on Net Neutrality," *NBC News*, February 26, 2015, https://www.nbcnews.com/tech/internet/techies-score-victory-net-neutrality-n313406.

21. Craig Aaron, personal communication, December 4, 2018.

22. Battle for the Net, "We Are Team Internet," accessed September 3,

2018, https://www.battleforthenet.com/teaminternet.

23. Brody Mullins and Gautham Nagesh, "Jostling Begins as FCC's Net Neutrality Vote Nears," *Wall Street Journal*, February 24, 2015.

24. Battle for the Net, accessed October 13, 2018, https://www.battleforthenet.com.

25. Bob Lannon, "What Can We Learn from 800,000 Public Comments on the FCC's Net Neutrality Plan?" Sunlight Foundation, 2014, https://sunlightfoundation.com/2014/09/02/what-can-we-learn-from-800000-public-comments-on-the-fccs-net-neutrality-plan/

26. Battle for the Net, "Sept. 1oth Is the Internet Slowdown," 2014 https://www.battleforthenet.com/septioth/27. Fight for the Future, "Press Release: The Internet Slowdown by the Numbers," September 11, 2014, http://tumblr.fightforthefuture.org/post/97225186398/press-release-the-internet-slowdown-by-the.

28. Ashley Killough. "Net Neutrality Protesters Confront FCC Chairman," *CNN*, November 11, 2014, http://www.cnn.com/2014/11/11/politics/fcc-chairman-protesters/index.html.

29. Soraya Nadia McDonald, "John Oliver's Net Neutrality Rant May Have Caused FCC Site Crash" *Washington Post*, June 4. 2014, https://www.washingtonpost.com/news/morning-mix/wp/2014/06/04/john-olivers-net-neutrality-rant-may-have-caused-fcc-site-crash/.

30. Robert Faris et al., "The Role of the Networked Public Sphere in

The US Net Neutrality Policy Debate," *International Journal of Communication* 10 (2016): 5849.

31. Amy Schatz, "FCC's Wheeler on Viral Net Neutrality Video: 'I Am Not a Dingo.'" *Recode*, June 13, 2014, https://www.recode.net/2014/6/13/11637962/focs-wheeler-on-viral-net-neutrality-video-i-am-not-a-dingo.

32. Alex T. Williams and Martin Shelton, "What Drove Spike in Public Comments on Net Neutrality? Likely, a Comedian," Washington, DC: Pew Research Center, 2014, http://www.pewresearch.org/fact-tank/2014/09/05/what-drove-spike-in-public-comments-on-net-neutrality-likely-a-comedian/.

33. @FCC, "We've been experiencing technical difficulties..." *Twitter*, June 2, 2014, https://twitter.com/FCC/status/473565753463959552.

34. *President Obama's Statement on Keeping the Internet Open and Free - YouTube*, November 10, 2014, https://www.youtube.com/watch?v=uKcjQPVwfDk.

35. There has been some speculation as to why Obama intervened when and how he did. One theory is that passing net neutrality had been on Obama's so-called f**k-it list, and now that the great distraction of the midterms was over, he could focus on this priority, which had remained dormant for much of his presidency

36. "Overwhelming Bipartisan Majority Opposes Repealing Net Neutrality," Washington, DC: Program for Public Consultation at the

University of Maryland, 2017. http://www.publicconsultation.org/united-states/overwhelming.bipartisan-majority-opposes-repealing-net-neutrality/.

37. Elizabeth Stinson, "Day of Action: How Facebook, Google, and More Supported Net Neutrality," *Wired*, July 12, 2017, https://www.wired.com/story/day-of-action-internet-protests-google-facebook-reddit/.

38. @Hamill Himself, "Cute video Ajit 'Aren't I Precious?' Pai—but you are profoundly unworthy 2 wield a lightsaber-a Jedi acts selflessly for the common man—NOT lie 2 enrich giant t corporations. Btw did you pay John Williams his royalty? @ AjitPai FCCorpShill #AJediYouAreNOT," *Twitter*, December 16, 2017, https://twitter.com/hamillhimself/status/941984701085925376?lang=en.

39. Brian Feldman, "Ajit Pai Made a 'Viral Video with a Wannabe Pizzagater as a Last-Ditch Attempt to Defend New Internet Rules," *New York Magazine*, December 14, 2017, http://nymag.com/intelligencer/2017/12/ajit-pais-pizzagater-martina-markota-hates-net-neutrality.html; Tom McKay, "Ajit Pai Thinks You're Stupid Enough to Buy This Crap (Update: One of the 7 Things Is Dancing with a Pizzagater)," *Gizmodo*, December 13, 2017, https://gizmodo.com/ajit-pai-thinks-youre-stupid-enough-to-buy-this-crap-1821277398.

40. Tony Romm, "Netflix CEO: Net Neutrality Is No Longer Our 'Primary Battle,'" *Recode*, May 31, 2017, https://www.recode.

net/2017/5/31/15720268/netflix-ceo-reed-hastings-net-neutrality-open-internet.

41. Klint Finley, "This Hearing May Decide the Future of Net Neutrality," *Wired*, February 1, 2019, https://www.wired.com/story/this-hearing-decide-future-net-neutrality/.

42. Katharine Trendacosta, "Victoryl California Passes Net Neutral ity Bill," *Electronic Frontier Foundation*, August 31, 2018, https://www.eff.org/deeplinks/2018/08/victory-california-passes-net-neutrality-bill.

43. Karl Bode, "Why Feds Can't Block California's Net Neutrality Bill," *Verge*, October 2, 2018, https://www.theverge.com/2018/10/2/17927430/california-net-neutrality emption-state-lawsuit.

44. Heath Kelly, "California Just Passed Its Net Neutrality Law. The DOJ Is Already Suing," *CNN Business*, October 1, 2018, https://www.cnn.com/2018/10/01/tech/california-net-neutrality-law/index.html

45. Christopher Hooton, "An Empirical Investigation of the Impacts of Net Neutrality," The Internet Association, 2017, 3: https://internetassociation.org/publications/an-empirical-investigation-of-the-impacts-of-net-neutrality/.

46 "Malkia Cyril on Why Net Neutrality Is a Civil Rights Issue," *NBC News*, December 8, 2017, https://www.nbcnews.com/feature/debunker/video/malkia-cyril-on-why-net-neutrality-is-a-civil-rights-

issue-1112468547817.

47. "Civil Rights and Media Justice Leaders Join Internet-Wide Day of Action for Net Neutrality on July 12th," Oakland: Center for Media Justice, July 12, 2017, https://centerformediajustice.org/2017/07/12/civil-rights-media-justice-leaders-join-internet-wide-day-action-net-neutrality-july-12th/.

4. 결론 : 또 다른 인터넷은 가능하다

1. William M. Emmons, "Franklin D. Roosevelt, Electric Utilities, and the Power of Competition," *Journal of Economic History* 53, no. 4 (1993): 883.

2. Richard Martin, *Coal* Wars: The Future of Energy and the Fate of the Planet (New York: Palgrave Macmillan, 2015), 17.

3. These approaches correspond to three general methods to contain monopolies in particular and commercialism in general, discussed in Victor Pickard, *Democracy without Journalism? The Rise of the Misinformation Society* (New York: University Press, 2019).

4. For an incisive analysis of America's anti-monopoly movement, see Tim Wu's recent book, *The Curse of Bigness: Antitrust in the New Gilded Age* (New York: Columbia Global Reports, 2018).

5. It is important to point out that these are not mutually exclusive measures; many would argue that we need to wield both antitrust *and* public interest regulation.

6. Michael O'Rielly, "Muni Broadband's Ominous Threat to the First Amendment," Federal Communications Commission, December 13 2018, https://www.fcc.gov/news-events/blog/2018/12/13/muni-broadbands-ominous-threat-first-amendment.

7. Quoted in Emmons, "Franklin D. Roosevelt, Electric Utilities, and the Power of Competition," 884.

8. For an excellent resource that includes maps and data about community/municipal broadband, see the Institute for Local Self-Reliance's "Community Network Map," Community Networks, January 2019, https://muninetworks.org/communitymap; Klint Finley, "Brits Approach (True) Speed of Light over Cable," *Wired*, March 28, 2013, https://www.wired.com/2013/03/internet-at-the-speed-of-light/.

9. James K. Wilcox, "People Still Don't Like Their Cable Companies," *Consumer Reports*, August 8, 2018, https://www.consumerreports.org/phone-tv-internet-bundles/people-still-dont-like-their-cable-companies-telecom-survey/.

10. David Talbot, Kira Hessekiel, and Danielle Kehl, "Community Owned Fiber Networks: Value Leaders in America," Cambridge, MA: Berkman Klein Center for Internet & Society, 2017, http://nrs.

harvard.edu/urn-3:HUL.InstRepos:34623859.

11. Lisa Gonzalez, "Totals Are In: Comcast Spends $900K in Fort Collins Election," *Community Networks*, December 9, 2017, https://muninetworks.org/content/totals-are-comcast-spends-900k-fort-collins-election.

12. "Municipal Broadband Is Roadblocked or Outlawed in 20States," *Broadband Now*, April 3, 2018, https://broadbandnow.com/report/municipal-broadband-roadblocks/.

13. Monica Anderson and John B. Horrigan, "Americans HaveMixed Views on Policies Encouraging Broadband Adoption," Pew Research Center, April 10, 2017, http://www.pewresearch.org/fact-tank/2017/04/10/americans-have-mixed-views-on-policies-encouraging-broadband-adoption/.

14. Alex Shephard, "A Public Option for the Internet," *New Republic*, May 8, 2018, https://newrepublic.com/article/148330/public-option-internet.

15. Evan Malmgren, "Could Vermont Become the First State with Universal Broadband?" *Nation*, October 26, 2018, https://www//.thenation.com/article/could-vermont-become-the-first-state-with-universal-broadband/.

16. "Polling the Left Agenda," Data for Progress, 2018, https://www.dataforprogress.org/polling-the-left-agenda/.

17. Roger Lowenstein, "The 'Noble Art of Governing: A Practical Agenda for the House." *Washington Post*, November 14, 2018, https://www.washingtonpost.com/business/economy/the-noble-art-of-governing-a-practical-agenda-for-the-house/2018/11/14/8115obie-e787–11e8dc-6cca409c180_story.html?utm_term=.5e286a40bb61.

18. For further discussion of the challenges of respecting user privacy on public internet networks, see E. Casey Lide, "Balancing the Benefits and Privacy Concerns of Municipal Broadband Applications," *NYU Journal of Legislation & Public Policy* 11, no. 3(2007): 467-93; and Jay Stanley, "The Public Internet Option: How Local Governments Can Provide Network Neutrality, Privacy, and Access for All, American Civil Liberties Union, March 2018, https://www.aclu.org/report/public-internet-option.

19. For a comprehensive overview of literature on regulatory captures, see Adam Thierer, "Regulatory Capture: What the Experts Have Found," *Technology Liberation Front*, December 19, 2010, https://techliberation.com/2010/12/19/regulatory-capture-what-the-experts-have-found/.

20. Craig Aaron and Timothy Karr of Free Press, personal correspondence, July 27. 2018.

21. Jon Brodkin, "FCC's Revolving Door: Former Chairman Leads Charge against Title II. *Ars Technica*, April 14, 2015, https://arstechnica.com/information-technology/2015/04/fccs-revolving-door-former-chairman-leads-charge-against-title-ii/.

22. Tim Karr, "FCC Commissioner Cashes in at Your Expense," *Common Dreams*, May 14, 2011, https://www.commondreams.org/views/2011/05/14/fcc-commissioner-cashes-your-expense.

23. Even Mignon Clyburn, who was a staunch ally of consumer and public interest groups during her tenure as FCC commissioner from 2009 to 2018, was hired by T-Mobile in February 2019 to advise the company on its pending mega-merger with Sprint See Brian Fung, "Mignon Clyburn, Former FCC Commissioner, Hired by T-Mobile to 'Advise' on Sprint Merger, *Washington Post*, February 6, 2019, https://www.washingtonpost.com/technology/2019/02/06/t-mobile-gains-powerful-ally-hiringher to get to their opiniones Parm.com=.e6oca66584te.

24. As a congressional staffer, Victor Pickard experienced firsthand the embeddedness of corporate lobbyists in the halls of government power, and how this affected the net neutrality debate immediately after the *Brand X* decision. See "After Net Neutrality," *LSE Media Policy Project*, July 18, 2016, http://blogs.lse.ac.uk/mediapolicyproject/2016/07/18/after-net-neutrality/, reprinted on Huffington Post, July 20, 2016, http://www.huffingtonpost.com/victor-pickard/after-net-eutrality_b_11043316.html.

25. Pickard, *America's Battle for Media Democracy*, 218.

26. Victor Pickard, "The Return of the Nervous Liberals: Market Fundamentalism, Policy Failure, and Recurring Journalism Crises" *Communication Review* 18, no. 2 (2015): 82-97; Dwayne Winseck

and Jefferson D. Pooley, "A Curious Tale of Economics and Common Carriage (Net Neutrality) at the FCC: A Reply to Faulhaber, Singer, and Urschel," *International Journal of Communication* 11 (2017): 2702–33.

27. Jedediah Purdy, "Neoliberal Constitutionalism: Lochnerism for a New Economy," *Law & Contemporary Problems* 77, no. 4 (2014): 197

28. This is discussed in further detail in Victor Pickard, "Toward a People's Internet: The Fight for Positive Freedoms in an Age of Corporate Libertarianism," in *Blurring the Lines: Market-Driven and Democracy-Driven Freedom of Expression*, ed. Maria Edström, Andrew T. Kenyon, and Eva-Maria Svensson Sweden: Nordicom, 2016), 61–68.

29. Susan Crawford. "First Amendment Sense," *Harvard Law Review* 127 (2014): 2343-91.

30. Timothy B. Lee, "Verizon: Net Neutrality Violates Our Free Speech Rights," *Ars Technica*, July 3, 2012, https://arstechnica.com/tech-policy/2012/07/verizon-net-neutrality-violates-our-free-speech-rights/

31. Quoted in Susan Crawford, "The Sneaky Fight to Give Cable Lines Free Speech Rights," *Wired*, December 4, 2018, https://www.wired.com/story/spectrum-comcast-telecom-fight-win-free-speech/

32. Parts of the following draw from Victor Pickard, "Before Net Neutrality: The Surprising 1940s Battle for Radio Freedom,"

Atlantic, January 29, 2015. https://www.theatlantic.com/technology/archive/2015/01/before-net-neutrality-the-surprising-1940s-battle-for-radio-freedom/384924/.

33. The concept of conjunctures was famously described by the Italian theorist Antonio Gramsci. See, for example: Antonio Gramsci, *The Gramsci Reader: Selected Writings*, 1916-1935, ed. David Forgacs (New York: New York University Press, 2000).

34. Pickard, *America's Battle for Media Democracy.*

35. For an overview of possible policy interventions against plat form monopolies, see Victor Pickard, "Breaking Facebook's Grip," *Nation*, May 21, 2018, 22-24; earlier digital version posted April 18, https://www.thenation.com/article/break-facebooks-power-and-renew-journalism/ See also Shoshana Zuboff, *The Age of Surveillance Capitalism: The Human Future at the New Frontier of Power* (York: Public Affairs, 2019)

36. For an explication of *digital Feudalism*, see Sascha Meinrath, James Losey, and Victor Pickard, "Digital Feudalism: Enclosures and Erasures from Digital Rights Management to the Digital Divide," *CommLaw Conspectus: Journal of Communications Law and Policy* 19 (2011): 423–79.

디지털 시대의 뉴딜

초판 1쇄 인쇄 2021년 6월 23일
초판 1쇄 발행 2021년 6월 30일

글쓴이 빅터 픽카드 · 데이비드 엘리엇 버만
옮긴이 임종수 · 유용민

펴낸이 박세현
펴낸곳 팬덤북스

기획 위원 김정대 김종선 김옥림
기획 편집 윤수진 김상희
디자인 이새봄
마케팅 전창열

주소 (우)14557 경기도 부천시 부천로 198번길 18, 202동 1104호
전화 070-8821-4312 | **팩스** 02-6008-4318
이메일 fandombooks@naver.com
블로그 http://blog.naver.com/fandombooks

출판등록 2009년 7월 9일(제2018-000046호)

ISBN 979-11-6169-167-1 (03070)